EXAMEN CRITIQUE.

IMPRIMERIE D'HIPPOLYTE TILLIARD,
RUE SAINT-HYACINTHE-SAINT-MICHEL, N. 3o.

EXAMEN CRITIQUE

DE L'OUVRAGE INTITULÉ :

ANALYSE GRAMMATICALE

RAISONNÉE

DE DIFFÉRENTS TEXTES ANCIENS ÉGYPTIENS,

PAR

FRANÇOIS SALVOLINI.

PARIS, 1836.

1re Livraison, 256 pages in-4. avec planches.

PARIS,

LIBRAIRIE DE JUST ROUVIER ET E. LE BOUVIER,

RUE DE L'ÉCOLE DE MÉDECINE, N. 8.

1838.

AVIS DE L'AUTEUR.

Aussitôt que les travaux de mon illustre compatriote
feu le docteur Young, et ceux d'autres savants sur la
triple inscription de Rosette, commencèrent à donner
quelque espoir de lever le voile épais qui nous cachait
depuis tant de siècles le sens des écritures égyptiennes,
je me sentis porté à suivre avec transport la marche de
cette science nouvelle. Lorsque par la *Lettre à M. Dacier*, et surtout par le *Précis du système hiéroglyphique* de feu Champollion le jeune, cet espoir devint
une certitude, je quittai l'Angleterre pour me rendre
à Paris ; je connus l'immortel auteur du *Précis*, je me
mis bien au courant de tout ce qu'on avait fait dans
ces nouvelles études, je travaillai à la langue copte,
et je me décidai à faire un voyage en Égypte. Je l'exé-
cutai en effet, et pendant un séjour de plus de vingt mois
dans ce pays, j'examinai et je dessinai tout ce qui me
parut le plus intéressant, surtout dans les inscriptions,
depuis le Caire jusqu'à la troisième cataracte du Nil.
J'étais de retour lorsque la commission Franco-toscane
aborda à Alexandrie. Mon but n'a jamais été de me
faire auteur, mais j'ai toujours continué à m'occuper

avec passion des études égyptiennes, et à en suivre tous les progrès. Je revis Champollion à son retour; j'eus avec lui de longues conférences; il me montra les immenses matériaux qu'il avait recueillis dans son voyage, me fit part de ses nouvelles découvertes; il vit avec plaisir les dessins d'inscriptions et de bas-reliefs que j'avais moi-même exécutés sur les lieux, et il me donna avec sa générosité habituelle, d'immenses éclaircissements nouveaux qui m'ont été très précieux pour les progrès de mes études. Quelque temps après, m'étant rendu en Italie et en Toscane, j'y connus M. Rosellini, et j'eus le bonheur de rencontrer en lui un digne ami et collaborateur du savant français; car il fut aussi généreux envers moi de son trésor égyptien et de son enseignement que l'avait été Champollion. C'est près du professeur toscan que je suivis un cours d'études égyptiennes avec plus d'étendue et de régularité. Me rendant ensuite en Angleterre, et de là revenant en Italie, je continuais toujours à lire avec empressement tout ce qui paraissait de nouveau relativement à l'Égypte.

C'est à Florence que je connus l'ouvrage de M. Salvolini, qui est le sujet de cet écrit. A la première lecture, je fus bien étonné du ton et du contenu de ce livre, et malgré l'idée que j'avais pu à peu près concevoir de son auteur par la lecture d'autres petits ouvrages qu'il avait déjà publiés, je ne pouvais pas revenir de mon étonnement. Il m'était impossible de me persuader comment tant de choses que je connaissais déjà par les ouvrages et par les leçons de Champollion et de

M. Rosellini, pouvaient se trouver signalées dans ce livre, comme des découvertes nouvelles de M. Salvolini; d'autres choses me semblaient tout-à-fait inadmissibles et contraires aux doctrines déjà prouvées avec la plus grande évidence. Je recommençai à lire et à comparer, et je finis par me convaincre que cet ouvrage n'était au fond qu'un amas de plagiats.

Rien, je l'avoue, ne m'indigne autant dans les actions humaines, que cette espèce d'usurpation de réputation littéraire : cette indignation fut plus forte que ma répugnance naturelle à me faire auteur; et je me mis à l'œuvre pour écrire l'*Examen critique* que je donne maintenant au public. Mon travail était à peu près fini, lorsque je me rendis à Pise pour consulter M. Rosellini sur différents points, et vérifier dans ses papiers plusieurs choses que je me rappelais avoir déjà vues une autre fois. Le savant professeur me donna tous les renseignements que je désirais, et me permit encore de profiter librement de tous ses matériaux et travaux manuscrits qui pouvaient m'aider à terminer mon travail. Mais il m'arriva par hasard de rencontrer chez M. Rosellini, un savant aussi distingué par sa haute capacité que par la noblesse de son caractère, M. M***, qui arrivait de Paris, et qui connaissait parfaitement M. Salvolini. Je fus enchanté de pouvoir tirer d'une si bonne source des renseignements exacts sur l'auteur dont j'avais résolu d'examiner le livre. Cela ne paraitra pas étrange au lecteur, lorsqu'on verra dans la suite de cet écrit qu'il est question ici beaucoup plus de la conscience et

de la bonne foi que du savoir de l'écrivain. Et quant
au savoir, je fus bien assuré qu'il est réellement tel
qu'il doit être dans un homme qui ne craint pas de se
déclarer auteur de choses qui ne lui appartiennent pas.
D'ailleurs l'étendue de sa capacité se manifeste dans
son livre d'une manière éclatante. Mais c'est par des
faits et des preuves que nous devons justifier ce que
nous venons d'avancer.

EXAMEN CRITIQUE.

L'Auteur commence son livre par une *Préface* de vingt-quatre pages, dans laquelle il rend compte de la nécessité et de la marche de son travail. Nous allons le suivre ici, comme dans le reste de l'ouvrage, en ajoutant nos observations sur ce qui nous semble le plus digne de remarque.

Il dit à la page xiij, que Champollion n'ayant pas indiqué sur quels faits, sur quelle autorité il avait fixé l'alphabet hiéroglyphique de la *Grammaire Égyptienne*, lui, « ayant la conviction intime qu'il ne lui serait pas « impossible de parvenir à le justifier, il se mit à la « recherche des sources auxquelles il devait, selon toute « apparence, avoir puisé. » Cette recherche ne pouvait pas être bien pénible pour l'auteur, car il a pu trouver tout de suite cette justification soit dans la foule d'exemples que Champollion cite dans sa grammaire (dont notre auteur connait bien en détail même la partie qui n'a pas encore paru, comme nous le verrons dans la suite) soit par les manuscrits de ce savant, où toutes ces choses se trouvent indiquées. Nous ne pensons pas que Champollion ait détruit certaines listes qu'il nous a montrées dans le temps, où l'on voyait la rectification de l'alphabet déjà

publié dans le *Précis*, et la justification des caractères
nouvellement découverts. M. Salvolini a eu à sa dispo-
sition, comme nous le verrons plus bas, tous les manuscrits du savant français. Ainsi lorsqu'il dit (pag. xvij),
« qu'en s'appliquant à la vérification des découvertes du
» savant hiérogrammate, il ne s'est proposé que la re-
» cherche de la vérité », nous ne pouvons pas nous
dispenser de remarquer, que pour ne pas s'éloigner de
la vérité, il aurait dû d'abord avouer que telle ou telle
observation, dont il se fait auteur, il l'avait copiée ou
entendue de Champollion. Car nous savons, comme le
savent bien d'autres personnes, que beaucoup de choses
nouvelles qu'on ne trouve pas dans la *Grammaire Égyptienne*, étaient pourtant enseignées par le savant français.
Mais tout cela se verra bien clairement par les faits que
nous allons exposer dans le courant de cet écrit.

L'auteur n'oubliant pas qu'il fallait adroitement lancer
des assertions pour gagner la confiance des lecteurs,
fait savoir (pag. xviij) qu'il s'était familiarisé, pour ainsi
dire, dès son enfance avec la lecture des textes coptes.
Or d'après ce que des personnes bien dignes de foi nous
ont assuré, cela serait au moins très exagéré; car au
commencement de 1831, lorsque l'auteur se rendit à
Paris, il n'était pas encore pourvu de la moindre connaissance de la langue copte. Nous verrons tout à l'heure
que six ans après, en 1836, époque à laquelle il a publié
son livre, il nous donne des preuves éclatantes d'être
encore bien loin d'avoir acquis une certaine familiarité
avec les mots de cette langue.

C'est avec autant d'inexactitude qu'il affirme à la page
xxiv que, « familiarisé comme je l'étais déjà de longue
« main avec les signes des deux écritures, l'*hiérogly-*
« *phique* et l'*hiératique*, une application préalable de
« dix ans m'ayant gravé dans la mémoire leurs formes
« variées, dès la première inspection du texte intermé-

« diaire de Rosette, je me reconnus, à ma grande satis-
« faction, maître du fil conducteur qui pouvait diriger
« mes pas. » Et nous répétons que l'auteur en 1831 était
à peine commençant dans les études égyptiennes ; tout
lui était nouveau, monuments, langue, écritures soit
hiéroglyphique, soit hiératique : nous tenons cela de
plusieurs témoins qui l'ont connu à cette époque. Or, si en
1831, il commençait à peine à s'occuper de ces études, on
serait bien embarrassé de retrouver cette *application préa-*
lable de dix ans, avant de faire cette *première inspection*
du texte démotique de Rosette, qu'il commença à publier
en 1836. Cela, à la vérité, est si mesquin qu'il ne vaudrait
pas même la peine de le remarquer, si l'auteur, en faisant
ce petit mensonge, n'avait eu le but de tromper les gens
qui ne sont pas informés, et de se faire croire auteur d'un
travail dont il n'y a, à peu près, que la simple forme dans
laquelle il l'a rédigé, qui lui appartienne. Ce *fil conducteur*
qui dirigea ses pas n'est autre chose que les explications
claires et nettes de Champollion, qu'il a données à nous
mêmes et à tous ceux qui désiraient entendre de lui, le
texte à la main, l'interprétation de l'inscription de Rosette.

Après la *Préface* vient une longue *Introduction*, dans
laquelle l'auteur expose l'alphabet hiéroglyphique, signe
par signe. C'est ici qu'il prétend faire ses grandes *correc-*
tions et *augmentations* à la Grammaire hiéroglyphique de
son illustre maître ; c'est le titre qu'il donne habituellement à Champollion. Les planches correspondantes
portent, en ligne verticale, les caractères hiéroglyphiques
purs, à chacun desquels correspond une ligne horizontale
renfermant les variantes des mêmes formes (1) et les
exemples.

(1) Ces variantes consistent dans la forme abrégée des hiéroglyphes *purs*
celle que Champollion a appelée *linéaire*. On est d'abord étonné de ce que

Il commence son alphabet par une faute grossière, en admettant l'image d'un *épervier* pour signe de la lettre A, et il cite la *Lettre à M. Dacier*, là justement où il fallait s'en écarter; car Champollion, qui n'avait pas encore visité les monuments de l'Egypte, fut trompé par les copies, où l'on confond presque habituellement l'*épervier* avec l'*aigle*. Champollion avait reconnu cette faute, et par conséquent l'*épervier* ne figure pas parmi les homophônes de la lettre A dans l'alphabet de la *Grammaire Égyptienne*. L'auteur s'empresse d'annoncer le doute de la confusion que les dessinateurs ont pu faire entre les deux images d'oiseaux : mais si cela était déjà très connu ? Et pourquoi n'a-t-il pas suivi la correction faite par *son illustre maître ?* Du reste l'*épervier* n'a été employé comme caractère phonétique que dans la basse-époque, pour représenter le B dans le titre *sébastos*. L'auteur répète l'image de l'*épervier* parmi les homophônes de cette dernière lettre, et c'est ici qu'il nous assure (page 20) que ce caractère est « habituellement employé dans les « textes égyptiens de toutes espèces pour représenter la « voyelle A, ou O : » et que seulement dans le titre de *Sébastos* donné à Trajan sur les monuments de Philé, *il l'a rencontré* avec la valeur de B. Mais cette *rencontre* il l'a faite tout simplement dans l'ouvrage de M. Roselini (1), où tout se trouve expliqué relativement à la

---

l'auteur appelle constamment *variante calligraphique*, celle qui retrace un hiéroglyphe pur *linéairement!* On dirait qu'il s'est trompé entre le sens du mot *calligraphique* et *tachygraphique* : en effet, les hiéroglyphes *linéaires* ne sont qu'une forme abrégée des hiéroglyphes *purs*; et la calligraphie égyptienne consistait dans le dessin le plus parfait et le plus détaillé des formes hiéroglyphiques *pures*. D'après la méprise de notre auteur, l'écriture *hiératique* et même la *démotique*, qui ne sont au fond qu'une abréviation plus ou moins reconnaissable des formes hiéroglyphiques, constitueraient la calligraphie égyptienne.

(1) *Monumenti storici*, tom. ii, pag. 446.—Pise, 1833.

confusion faite de l'image de *l'aigle* avec *l'épervier*, et où l'on donne la raison par laquelle on a pu accorder à l'image de ce dernier la valeur de B, la seule qu'il ait dans l'alphabet égyptien. Nous renvoyons le lecteur à ce passage, car notre auteur y a pris tout ce qu'il nous dit dans son article de *l'épervier* B, sans profiter de la correction. Il aime assèz souvent à faire des coups pareils.

Pour troisième signe de la lettre A, il nous donne, après *l'aigle*, un autre oiseau qu'il appelle une *poule*. Nous ne savons pas d'où il a pris cette idée, car ce caractère, même d'après son dessin qui n'est pas exact, n'a aucune ressemblance avec la *poule*. Il est vrai de dire que ces trois premiers caractères, comme beaucoup d'autres, sont reproduits dans les planches de l'auteur avec si peu d'exactitude, qu'il serait difficile de les rapporter à leurs originaux. Du reste cette prétendue *poule* est un oiseau de proie comme *l'aigle* précédent, et il représente précisément une autre espèce *d'aigle* plus petite, que l'on voit très souvent dans la Haute-Égypte. Champollion l'a bien distinctement indiqué dans l'alphabet de sa *Grammaire*.

Il assigne à la page 7 la valeur de A, E, OU, U au caractère que nous rapportons au n° 1 de notre planche; et il cite pour preuve le mot AHE, EHE, *bœuf*, dont il est le premier élément. Ceci encore a été démontré la première fois par M. Rosellini (1), et notre auteur n'en dit pas un mot. Quant à la valeur de OU, elle est indiquée dans la *Grammaire Égyptienne*.

Suit le caractère un *lièvre*, et l'auteur tout empressé de nous faire savoir que Champollion lui attribua la valeur d'une S, nous prévient qu'il avait déjà démontré ailleurs que sa valeur véritable est O, OU, U; comme si

---

(1) *Monumenti civili*, tom. 1, pag. 254, 255, 256.—Pise, 1834.

cette correction n'avait pas été faite depuis longtemps
par Champollion lui-même, et n'avait pas été démontrée
par plusieurs exemples donnés par M. Rosellini. Dans le
grand ouvrage des *Monumenti dell'Egitto e della Nubia*,
quoiqu'il ne soit parvenu jusqu'a présent qu'a sa moitié,
on trouve la démonstration de la plupart des caractères,
et de presque tous ceux qui avaient besoin de preuve.
Mais notre auteur, qui veut s'approprier toutes ces découvertes, devait naturellement dissimuler tout cela.

Il ne fait pas moins relativement au mot EBÒ, employé
par les Égyptiens pour exprimer l'idée *ivoire*, et le nom
de l'île d'*Éléphantine*. Cette découverte, ainsi que le
curieux rapprochement qui en dérive, est dûe à M. Rosellini, qui la consigna d'abord dans ses lettres écrites
d'Egypte (1), et la développpa ensuite dans son ouvrage
sur les monuments de ce pays (2). L'auteur à la page 10,
note 2, a pris, à peu près, tout ce que M. Rosellini avait
écrit dans le passage cité, non seulement sans en faire
mention, mais en le donnant comme lui appartenant. On l'entend citer très souvent sa *Campagne de
Sésostris* (3), pour donner autorité à certaines valeurs
qui étaient déja connues même par le *Précis ;* et à d'autres
que Champollion a consignées dans sa Grammaire, ou
qui avaient été déjà démontrées par M. Rosellini. Malgré
cela l'auteur cite souvent sa *Campagne de Sésostris*,

---

(1) V. *Giornale dei Litterati*, anni 1829-1830.

(2) *Monumenti civili*, tom. 1, pag. 209 et suiv.

(3) L'auteur donne ce titre pompeux à une brochure qu'il publia en 1835,
contenant une notice sur un papyrus de la collection de M. Sallier à Aix. Feu
Champollion avait déjà beaucoup parlé de ce papyrus, *dont il avait fait un
extrait*, qu'il nous montra parmi ses papiers. Nous avons l'intention de publier une analyse de cette brochure intitulée *Campagne de Sésostris*, qui
suffira, nous l'espérons, pour lui donner sa véritable valeur, et la mettre à la
place qui lui convient.

comme s'il avait été le premier à faire connaître ces valeurs de caractères dans cette brochure.

Une de ses phrases habituelles, tandis que toutes, en général, marquent la *propriété* de ce qu'il annonce, est : « j'ai dit, j'ai cité comme preuve de la valeur phonétique « que *j'attribue* à ce caractère (page 15): » suit la preuve qui est presque toujours prise des ouvrages imprimés de feu Champollion ou de M. Rosellini. Nous citerons, dans la quantié de cas pareils, la preuve de la valeur *ó* qu'*il attribue* au caractère l'*hirondelle* : c'est le mot ÓLS, qui signifie un certain instrument *hémicycle* destiné à soutenir le cou des personnes lorsqu'elles restaient étendues. C'est le professeur de Pise qui avait déjà donné cette preuve en indiquant le rapprochement de de ce mot avec le copte OUÖLS, *incumbere, acclinare* (1).

Un autre exemple nous est offert à la page suivante (16), où l'auteur assigne la valeur de voyelle et la prononciation IRI au caractère l'*œil*, sans dire un mot de tout ce que M. Rosellini a pour la première fois démontré relativement à la valeur et à la prononciation de ce caractère. Pourtant les exemples qu'il en a donné dans les différents volumes de son ouvrage, sont très nombreux et de la plus complète évidence.

Nous connaissions déjà un premier essai du dictionnaire hiéroglyphique, dont nous aurons occasion de parler plus bas, que Champollion avait écrit sur de petites cartes : nous en avons vu l'original chez ce savant et une copie chez M. Rosellini. Or nous avons noté, qu'une grande partie des indications des caractères alphabétiques données par notre auteur, n'est que la reproduction des indications mêmes de Champollion, répétées mot à mot. Nous citerons, parmi les plus caractéristiques,

---

(1) *Monum. civili.*, t. II, pag. 405 et suiv.

les signes n° 53, page 17, et n° 184, page 44. Nous pensons que ces petites cartes écrites de la main de Champollion existent toujours; ainsi on peut vérifier le fait que nous signalons. Cet emprunt que l'auteur fait à *son illustre maître* ne serait pas à la vérité un grand délit, si sa dissimulation constante, le ton d'autorité et de propriété qu'il a empreint dans toutes ses phrases, et surtout les plagiats dont il s'est rendu coupable, comme nous le verrons dans la suite, n'ajoutaient une certaine gravité même à ces petits larcins. Quant à ce qui regarde les emprunts faits aux ouvrages de M. Rosellini, nous croyons pouvoir nous dispenser d'en faire à chaque cas la remarque, car tous ceux qui cultivent sérieusement ces études et qui ont attentivement suivi tout ce qui a été publié sur ce sujet, reconnaissent d'un coup d'œil tous ces plagiats.

Il est quelquefois curieux de suivre l'auteur, lorsque, n'ayant pas à son aide, sur quelque point, l'enseignement ou les manuscrits de Champollion, il se trouve obligé de marcher de lui-même. Par exemple, à la page 19, à propos du caractère n° 57, qui représente une forme du *lituus* OU, comme on le traçait ordinairement sur les monuments de la basse époque, il assure qu'il représente une *goutte d'eau!!* et il le confond avec le caractère qui est quelquefois le déterminatif de l'idée *couler*.

A la page 22, caractère n° 73, il parle d'un dieu adoré à Esneh, appelé KAH et qualifié de *fils de la déesse Pasct*, et ces exemples rapportés à la pl. C, 73, 3 et 4, expriment deux fois ce nom de KAH qualifié comme *déesse*.

C'est dans ce même endroit qu'il confond deux caractères très différents entre eux. Il donne une image peu exacte de la vipère d'Egypte, le serpent *uveus* à longue queue, comme il est en effet, et comme on avait l'habitude de le figurer dans les temps de la basse époque; et il lui attribue la valeur de K. Cela est très vrai et très connu déjà par les premières découvertes de Champollion. Mais il prétend que ce même caractère représente aussi les lettres R et L !! La méprise ne serait pas excusable de quelqu'un qui, par une *application de dix ans*, se serait *gravé dans la mémoire* les formes hiéroglyphiques. Mais nous avons montré que l'auteur ne se trouve pas dans ce cas, bien qu'il l'affirme dans sa préface. Ici il ne s'est pas aperçu que le serpent, dont on employait l'image pour représenter les lettres R et L, n'est pas du tout la *vipère*, mais une *couleuvre*. La première se distingue par son caractère essentiel, la poitrine enflée. Champollion a pourtant bien marqué cette différence dans sa *Grammaire*, page 59, n° 63, et page 41, n° 102. Les signes correspondants hiératiques (puisque l'auteur se vante de posséder à fond cette science) auraient pu l'avertir aussi de la différence. Mais malheusement il ne l'avait pas entendu dire de la bouche de *son illustre maître*, et ne l'avait pas trouvé écrit dans ses papiers ; et dans ce cas sa science a manqué, les yeux seuls ne lui ont pas suffit.

Aux expressions souvent répétées par notre auteur, « j'ai remarqué sur tel monument ou sur tel autre « d'Egypte : je l'ai vu employé (ce caractère) sur le « premier pylône de Philé, etc. pag. 45. » on dirait qu'il veut faire croire aux gens de bonne foi qu'il a visité lui-même ces monuments. Un homme qui a l'habitude de parler le langage de la sincérité et de la vérité, aurait plutôt dit : j'ai remarqué dans les copies d'inscriptions, etc. ; et par cela on aurait pu l'excuser des fautes d'indications qu'il fait très souvent, comme il est facile de le supposer.

C'est à la page 52, note 1, que notre auteur commence à se faire correcteur des fautes des autres. Il reproche à M. Rosellini d'avoir interprété *sébastos* le groupe (n° 2 et 3 de notre planche) qui se trouve souvent dans les titres des empereurs romains. Il prétend qu'il faut le

traduire *imperator*, correspondant au copte ANTE SCHÔI, *qui imperat*. Il ajoute qu'il «.ne conçoit pas » cette faute de M. Rosellini, mais quatre lignes après il en donne la raison. « Je sais bien, dit-il, que tel est le sens que lui
« assigne un essai inédit de vocabulaire hiéroglyphique
« de feu Champollion, que le savant professeur de Pise
« paraît avoir consulté trop souvent, et surtout avec
« trop de confiance; mais quant au cas dont il s'agit ici,
« je crois qu'il a joué de malheur en mettant une faute sur
« son compte. »

Nous allons voir que ce n'est qu'une faute grossière de notre auteur, accompagnée de son habituelle jactance. Que M. Rosellini ait connu que la lecture de ce groupe était ANTE SCHÔI, tous ceux qui ont lu ses ouvrages n'en pourront pas douter; car on y rencontre bien des fois ces mots rendus de cette manière, et convenablement expliqués d'après le contexte. Mais pourquoi l'a-t-il rendu par le titre *sébastos* dans les légendes des empereurs? Par une raison toute simple, qui sauterait aux yeux de tous ceux qui sont capables de voir avec leurs propres yeux, et de juger avec leur propre tête : c'est pour cela que notre auteur ne s'en est pas aperçu. M. Rosellini a démontré par des faits évidents (1), que les Egyptiens écrivaient les noms et les titres des empereurs en copiant textuellement lés inscriptions des médailles Alexandrines. Il a fait même voir qu'on remarque souvent dans les *cartouches* d'un empereur les mêmes fautes d'orthographe que l'on trouve sur des médailles appartenant au même souverain. Il a aussi remarqué que le groupe en question (2) *est employé constamment et régulièrement dans tous les endroits où l'ordre des titres, comparé à celui des inscriptions des*

---

(1) *Monumenti storici*, tom. II, cap. XVII, pagg. 419 à 476.
(2) Nᵒˢ 2 et 3 de notre planche.

médailles, exige le titre sébastos (1). Il nous a de plus
montré (2), que dans ces cartouches où l'on trouve le
mot *sébastos* écrit phonétiquement, ce qui est assez rare,
on n'y voit *jamais* le groupe en question. Le fait est assez
clair de lui-même; et d'ailleurs la signification en copte
du groupe ANTE SCHÔI se prête aisément à exprimer
une idée analogue à celle que signifie le mot grec *sébastos*,
et le latin *augustus*, qu'on attribuait aux souverains par
une application exclusive. Mais le plus curieux c'est de
voir les conséquences qui en dériveraient, si l'on voulait
interpréter ce groupe par *imperator*, comme notre
auteur le prétend. Examinons les *cartouches* des empereurs dont M. Rosellini nous a donné la série à la fin de
son vol. II, *Mon. stor.* pl. XXIII à XXIX. Ils suivent, comme
nous l'avons dit, l'ordre des inscriptions des médailles,
où on ne voit jamais répété, deux fois dans la même
médaille, le titre *empereur* (*autocrator*). Le groupe qui,
selon l'auteur, exprimerait *empereur*, se trouve presque
toujours dans les cartouches qui renferment écrit en
toutes lettres le mot *autocrator*. Il faudrait donc lire les cartouches, par exemple, de l'empereur Claude (3), *Tiberius
Claudius Caesar* IMPERATOR, *Germanicus imperator* :
ceux de Néron (4), *Nero Claudius Caesar* IMPERATOR,
Germanicus imperator; ceux de l'empereur Othon don-
neraient, d'après notre auteur, un assemblage de titres
encore plus dépourvu de sens commun; car il faudrait
lire (5), *Marcus Otho Caesar* IMPERATOR *imperator*, le
groupe en question et le mot *autocrator* se suivant immédiatement. Et ainsi de suite, comme on peut le voir par

---

(1) *Idem*, ibid, pag. 426.
(2) *Ibid*.
(3) Pl. XXIII, 4.
(4) Pl. XXIV. S. C.
(5) Pl. XXIV, 6.

une foule d'exemples dans les *cartouches* romains, où
notre groupe qui a été traduit *sébastos* par M. Rosellini,
est toujours placé là où les inscriptions des médailles,
qu'on a presque constamment copiées, placent le titre
auguste (sébastos). Sans en citer d'autres exemples, qui
sont nombreux, nous rappellerons les *cartouches* d'An-
tonin-le-Pieux (1), qui sont une parfaite copie de la
plupart de ses médailles d'Alexandrie, ΑΥΤ. Κ. Τ. ΑΙΛ.
ΑΔΡ. ΑΝΤΩΝΙΝΟC CEB. EYC. L'*empereur Caesar Titus
Ælius Hadrien Antonin, Auguste, Pieux*. Dans les
cartouches, le groupe exprimant *sébastos* occupe la place
de l'avant dernier titre, comme dans la légende grecque.
Nous voyons donc que M. Rosellini fondé sur des raisons
de critique, d'archéologie et de philologie, a démontré
jusqu'à l'évidence une interprétation qui avait été seulement conjecturée par Champollion, *non pas dans son
essai inédit d'un vocabulaire hiéroglyphique* (2); mais
dans plusieurs ouvrages imprimés. Ces raisons que
M. Salvolini a bien lues dans le volume cité de M. Rosellini, ne pouvaient être méconnues ou dissimulées que
par lui. Il est évident par l'ensemble de son écrit, qu'il
compte faire du bruit et gagner du crédit auprès des
gens qui n'ont pas cultivé ces études.

Il cite quelquefois des valeurs assignées par Champollion à certains caractères dans ses premiers ouvrages,
valeurs que ses études successives ont ensuite rectifiées;
et c'est Champollion lui-même qui s'en est aperçu, et
qui l'a fait dans ses derniers écrits. Mais notre auteur se
donne l'air de corriger encore en cela *son illustre maître*.
Par exemple à la page 35, à propos du caractère n° 4 de

---

(1) Pl. XXVIII, 12.

(2) Nous verrons plusieurs cas où notre auteur s'est servi de ces matériaux
de vocabulaire pour s'en parer lui-même.

la planche que Champollion dans son *Panthéon* avait confondu avec le n° 5, même planche, il dit d'un ton assuré,
que « une variante orthographique, que la commission
« Franco-toscane a recueillie dans *Speos Arthemidos*,
« FAIT TOMBER COMPLÉTEMENT la lecture de l'hié-
« rogrammate français. » Comme si c'était lui qui s'en
était aperçu en fouillant dans les portefeuilles de la
commission, et que ses chefs, Champollion et M. Rosellini
étaient restés dans l'erreur!! Il aurait dû au moins avertir
que le premier avait bien distingué les deux caractères
dans la *Grammaire*, et que le second en avait démontré
la différence en plusieurs endroits de ses ouvrages.

A la page 58 l'auteur nous donne un argument bien
concluant de son savoir en langue copte. En rapportant
deux variantes d'un mot tiré des textes du Rituel, pour
prouver la synonymie de deux caractères, et ce mot étant
composé de K et S, il dit qu'il « exprime le copte KES,
« *idem*. » Ainsi donc d'après la science que notre auteur
a dans la langue copte, avec *laquelle il s'est familiarisé
depuis son enfance* (1), le mot *Kes* signifie *idem*, *le même*.
Nous étions curieux de savoir dans quel texte copte il
avait trouvé ce sens; et nous avons été assez heureux
pour le découvrir. Notre auteur ne sachant pas malgré
sa science, ce que le mot *Kes*, *Kos* signifiait en copte,
et il est pourtant assez fréquent dans les livres de la Bible,
a eu recours au *Lexicon linguae copticae* de M. Peyron;
et là, à la page 72, colonne à gauche, ligne 6, il a lu, KES,
KOS, KOSE, *Idem*, avec les citations qui suivent; et il a cru
tout bonnement que *idem* était l'explication du mot :
il ne s'est pas aperçu que l'indication *idem*, se rapporte
au sens de la ligne et du mot précédent, qui signifiant

---

(1) *Cf. supra.* Heureusement que nous avons démontré que cela est
faux.

2*

enterrer, sepelire, comme notre KES, M. Peyron, ainsi qu'il fait toujours dans des cas pareils, a écrit *idem*, c'est-à-dire *même sens*, par mode d'abréviation.

Une autre preuve de son ignorance du copte se trouve à la page 45, où voulant lire le mot écrit par une *espèce de poisson* (c'est l'*oxyrhinchus*) et la lettre T, il nous donne le mot SCHAT, en ajoutant qu'en copte il signifie *le corps*. Qu'il nous dise en grâce dans quel texte l'a-t-il appris? car ce mot n'a, à là vérité, rien de commun avec cette signification. Le groupe hiéroglyphique en question doit se prononcer HÈT, KHÈT, mot qui est resté en copte pour signifier *le ventre*, et qui prend aussi les pronoms affixes, comme pour indiquer ce qui appartient, ce qui est propre à la personne. Son véritable sens dans les textes hiéroglyphiques, est le *corps humain défunt*, et cette signification tient à une doctrine mystique plusieurs fois expliquée par M. Rosellini, lorsqu'il a eu occasion de rapporter ce même mot.

Ces arguments sont bien autre chose qu'une prétendue preuve, introduite par notre auteur, hors de propos et sans nécessité, à la page 141, note 2, pour faire croire que M. Rosellini « non seulement n'a jamais vu une « grammaire de la langue copte, mais qu'il ignore complé- « tement le sens des premiers éléments de cette langue. » Cette preuve est tirée de la page 215 du 1er vol. des *Monumenti storici*, où on lit en lettres coptes le mot PEFTSI, expliqué *figlia di lui* (*sa fille*). L'auteur nous apprend que ce mot devait être écrit TEFSI; et il a été assez indulgent, ou d'assez mauvaise foi pour ne pas s'apercevoir, ou dissimuler, que c'est une faute évidente d'impression. La transcription du groupe hiéroglyphique TESI-F, qui précède immédiatement le mot PEFTSI, en est la preuve la plus claire; et cette circonstance ne laissant pas admettre la bonhomie de l'auteur qui a fait une telle remarque, en démontre la mauvaise foi. Il avait ici un moyen prompt et facile, pour s'apercevoir que dans le mot copte suivant, une faute d'impression s'était glissée. Du reste il en a pu trouver des centaines de preuves dans ce même volume et dans les suivants, où le professeur de Pise a eu occasion d'écrire ce même mot ou d'autres analogues, toujours correctement. On avouera qu'il faut toute l'assurance d'un homme sans réflexion, pour prononcer *sur de pareilles preuves*, qu'un tel « n'a jamais vu « une grammaire de la langue copte, et qu'il en ignore « complétement ses premiers élements » malgré les arguments contraires qu'il en a donné dans ses écrits, et dans son professorat public de cette langue dans une Université célèbre. Nous avons connu quelques élèves de M. Rosellini en langue copte, avec lesquels si notre auteur devait se mesurer, il serait peut-être fort embarrassé.

L'auteur, pour nous donner aussi un essai de son savoir en langue latine, en transcrivant un groupe hiéroglyphique (page 42) par le mot copte *djomdjem*, l'explique CONVECTARE, et il le traduit en français par *«palper à « mauvaise intention.»* Comme il a copié ce mot, ainsi que tant d'autres, avec son explication dans les notes manuscrites de Champollion, il a mal lu le mot latin *convectare* au lieu de *contrectare*, et l'erreur s'est glissée dans son livre, sans qu'il pût s'en apercevoir. Quelque lecteur nous croira peut-être trop sévère, et voudra attribuer cette faute à l'imprimeur ; mais pas du tout : l'auteur même la justifie ; car à la page suivante, il répète le même mot copte, et de nouveau le traduit par *convectare*, et le rend encore en français, *palper à mauvaise intention*. Une preuve du coup d'œil acquis par l'auteur pour reconnaître même la signification matérielle des caractères hiéroglyphiques, outre tant d'autres qu'il serait trop long de rappeler, est celle où il voit un *chameau* (p. 47 pl. F, 196) dans la figure qui représente le *veau!!* Les scribes donnaient quelquefois un certain élancement au cou de ce

quadrupède accroupi, ce qui est du reste dans les habitudes de ce jeune animal : mais nous remarquons que l'auteur, dans sa planche, s'est amusé à l'allonger encore un
peu plus qu'il ne fallait, même au risque d'étrangler cette
pauvre bête innocente, pour faire passer sa prétendue découverte. Au surplus, il n'est pas au courant des études
qu'il veut faire croire qu'il a cultivées avec tant de profondeur. Il dit dans sa note, à la fin de la même page, qu'il a
insisté sur la détermination définitive de cet objet, « parce
« que personne jusqu'ici n'était parvenu à découvrir, parmi
« la foule d'images d'animaux sculptées par les anciens égyp-
« tiens, celle du *chameau*. » Il se trompe encore. Plusieurs
voyageurs ont cru et ont dit l'y avoir découverte ; entre
autres, M. Minutoli dans son *Voyage*, etc. Mais cela ne peut
nullement appuyer la découverte en second de notre auteur, car *les longs cous de chameaux* qu'on a cru voir sur
les obélisques de Louqsor, sont tout bonnement des têtes
de lions. Il aurait donc mieux valu pour l'auteur, qui n'a
jamais vu les monuments, s'en tenir à ce que M. Rosellini a écrit là-dessus avec autant de précision que de connaissance de cause (*Mon. civ.* t. III, pages 168 et suiv.).

Une autre preuve du même genre nous est offerte par
l'auteur à propos du caractère nº 6 et 7 de notre planche,
sur lequel il s'exprime ainsi : « *Il paraît qu'on a voulu par*
« *ce caractère, représenter la partie inférieure du ventre*
« *de la femme*, etc. (page 48, nº 200). » C'est une ancienne
idée de Champollion que l'auteur a accaparée, comme
tout le reste, soit à tort ou à travers. Mais le savant fran-
çai a dû certainement en être revenu, car nous avons vu
quelque chose de plaisant là-dessus dans sa correspondance avec M. Rosellini. Ce dernier lui avait fait remarquer que le caractère en question se trouve sur les monuments coloriés, peints en vert, ce qui suffit, comme on
sait, pour exclure l'idée d'une partie du corps humain.
Ensuite sur les grands monuments, que notre auteur n'a

pas vus, tout l'espace renfermé par le contour de ce caractère, est rempli de *lignes brisées*, déterminatif ordinaire
de l'*eau*. C'est tout simplement un *vase* ou *coupe à becs*
qu'on a voulu représenter dans ce caractère. L'auteur
ajoute qu'on voit ce signe presque exclusivement employé
pour exprimer l'initiale du mot *fœmina*. Cela nous fait
comprendre qu'il n'a pas été loin; car il est également
employé pour exprimer les idées *pécher* (*pisces capere*)
gouvernail de vaisseaux, *chanter*, le nom d'une espèce de
tigre, le mot *éhé*, *vache*, et plusieurs autres mots qui
n'ont pas le moindre rapport avec l'idée *fœmina*.

Vient ensuite le § II (pag. 55 et suiv.) où il traite des
signes à *double valeur*; et encore ici les méprises ne sont
pas en petit nombre. C'est dans cette partie que l'auteur a
certainement mis du sien. Vous y voyez par conséquent
qu'un caractère représentant évidemment une telle lettre,
en représente aussi une autre, sans aucune raison, soit
dans l'analogie du son, soit dans la figure matérielle du
signe. Et cela, parce que il a vu, dans un exemplaire du
rituel, un caractère employé à la place d'un autre dans un
second exemplaire : par exemple le mot *kel-rat* signifiant le
genou est identifié par lui avec *sôr-rat*, en sorte que le
signe qui représente le *k* dans le premier mot, est aussi
susceptible d'exprimer la lettre S!! Il ne s'est pas aperçu
qu'il y a dans plusieurs variantes du rituel, identité d'idée
et non pas de mot : *kel-rat* et *sôr-rat* expriment tous les
deux l'*articulation de la jambe*, le *genou*, mais chacun
selon la propriété du verbe qui entre dans la composition
du mot. Ainsi l'absurdité que le même caractère représente
K et S n'existe que dans la tête de notre auteur. De même
le caractère suivant (n° 226, page 56) qui est la lettre S
habituelle du mot SON, *frère*, selon lui représente aussi
le K, parce qu'on rend quelquefois la même idée *genou*
par le groupe n° 8 de notre planche, au lieu du n° 9. Mais
il aurait dû s'apercevoir que dans ce dernier cas, on a

employé le verbe KEL, *plier ;* et dans le premier le verbe
SÔL, SOULÔL, qui signifie *volvere, involvere.* Il est étonnant que la *familiarité* avec les livres coptes ne lui ait pas appris ces choses, qui sont pourtant assez communes ! A la page 59, l'auteur dit que le caractère image du *phallus* semble pouvoir être pris dans l'acception de T ou de H ; parce que Champollion lit EMTO (et lui il y ajoute EM-T-HO) la préposition composée de l'M et du *phallus.* Mais nous croyons qu'il se trompe. Champollion a regardé le *phallus,* dans ce mot, comme déterminatif de l'idée, *ante, le devant,* qui, avec la préposition EM *in,* exprime *coram in conspectu.* Une foule d'exemples dont l'exposition nous mènerait trop loin, démontre la vérité de cette acception ; d'ailleurs on les trouvera dans l'ouvrage de M. Rosellini, et surtout dans son *Dictionnaire hiéroglyphique,* où nous les avons remarqués. Du reste, le *phallus* n'est dans beaucoup de mots qu'un simple caractère déterminatif : mais cela n'empêche pas qu'il soit aussi phonétique, et qu'il représente une voyelle, valeur que Champollion lui a assignée dans la *Grammaire.* Notre auteur prétend encore contredire *son illustre maître* sur ce point : se dispensant de le citer toutes les fois qu'il débite en son propre nom ses doctrines (et à la vérité, ce serait le citer trop souvent), il le cite seulement lorsqu'il veut le combattre. Mais il est toujours malheureux dans ses attaques : Champollion a donné la valeur de voyelle au *phallus* sur de très bonnes raisons. Nous ne rapporterons pas les exemples que notre auteur n'a pas su comprendre ; nous nous contenterons d'un seul qu'il aurait dû connaître, d'après ses grandes protestations de longues études sur les monuments, et qui se trouve sur les fragments d'une inscription de Karnac, appelée statistique, conservée au Louvre. Ici on voit le nom du *bœuf* suivi de celui de la *vache ;* les deux mots sont écrits comme d'ordinaire et comme en copte, *éhé,* et distingués l'un de l'autre par le caractère figuratif du *mâle*

et de la *femelle*. Or le mot *éhé*, qui se rapporte à la *vache*, a pour initiale le *phallus* (1). Ainsi sa valeur de voyelle est par ce seul exemple déterminée sans retour.

Des arguments analogues démontrent que le caractère *les parties antérieures du lion*, lorsqu'il est phonétique, a constamment la valeur de *h*, et non pas de H et de TH, comme le prétend l'auteur, page 60. A la page suivante, il attribue la valeur de E, M et R au caractère n° 11 de notre planche ; mais dans l'application au texte hiéroglyphique de Rosette (page 144), l'auteur n'est pas d'accord avec les principes qu'il a cru établir dans son alphabet. Ainsi notre caractère exprimant E, M et R, devient ici une *h !!* contradictions et incertitudes naturelles à un ouvrage de cette façon ! A la vérité, le caractère en question n° 11, représente toujours, ou presque toujours, la lettre *h* dans la préposition *hem*, ce que M. Rosellini a démontré par plusieurs applications aux textes expliqués dans son ouvrage des *Monumenti dell' Egitto*.

Il n'est pas vrai non plus que la même image d'*oie*, qui représente la lettre S, exprime aussi la voyelle A et O. C'est encore une méprise : ce sont deux différentes espèces d'*oies*, qui par leur nom différent, ont donné occasion à la représentation de deux différentes lettres : la forme même de l'oiseau n'est pas tout-à-fait semblable. Champollion dans l'alphabet joint à sa *Grammaire*, a bien distingué les deux formes, et pourtant notre auteur ne s'en est pas aperçu. M. Rosellini a donné dans la pl. M. C. n° 12 ces différentes espèces d'oies avec leurs différents noms. Mais l'auteur qui ne connaît pas les grands monuments, confond souvent un caractère avec l'autre par la forme abrégée des manuscrits, moyen insuffisant. Il a de même confondu deux espèces différentes de poissons, page 66,

_____

(1) Voir le n° 10 de notre planche.

et il a donné par cela, à un même caractère la valeur de *i*, *ia*, *n*, *an!!!* (n° 252). Champollion dans les hiéroglyphes *purs*, les a bien distinguées.

Il donne pareillement à la page 62 et suivantes, la valeur de M et de N à l'image du *vautour*, sans aucune distinction ; et il n'a pas remarqué que celui qui représente la lettre M, et qui exprime symboliquement l'idée *mère*, est d'une espèce tout-à-fait différente du second. On appliquait à celui-ci le nom de *nrou*, *noure*, et il se distingue par sa forme, non pas assez clairement à la vérité, dans les manuscrits peu soignés, mais très visiblement sur les monuments un peu grands sculptés ou peints. Et comment donc l'auteur n'a-t-il pas suivi en tout cela les préceptes de *son illustre maître*, qui a soigneusement indiqué toutes ces distinctions dans la *Grammaire Égyptienne*?

On ne peut pas non plus accorder à notre auteur (page 64) que la *tête humaine de profil* représente la lettre A initiale du mot *ape*. Champollion avait regardé comme *figuratif* dans le groupe n° 12 de notre planche, ce caractère, qui n'est employé que pour exprimer le nombre ordinal le *premier*. Le caractère P, qui suit la *tête*, accompagné quelquefois de la voyelle *i*, ne sert qu'à noter l'article PI du genre masculin ; car le mot APE, *tête*, est en copte du genre féminin ; mais lorsqu'on l'emploie par métaphore pour indiquer l'idée *premier*, il est affecté de l'article masculin. Voilà ce qu'on a voulu indiquer dans notre groupe n° 12 et 13 ; et c'est une concordance remarquable entre l'orthographe hyéroglyphique et le copte. Le seul caractère la *tête* aurait exprimé figurativement l'idée *tête* T. APE du genre féminin : ainsi pour signifier le *premier*, on y ajouta comme en copte l'article masculin, qui sert en quelque sorte de *déterminatif* de l'idée qu'on a voulu exprimer. En effet notre groupe *tropique* n° 12 est très souvent remplacé dans le rituel par le véritable groupe *phonétique* APE n° 14. Nous ajouterons que sur un curieux fragment de papyrus du musée de Florence, ce groupe est orthographié comme au nº 15, la *tête* notée du T, signe des *figuratifs* qui éloigne de ce caractère toute valeur phonétique; tandis que le P sert à indiquer l'expression non pas de *tête*, TAPE, mais de PI APE *le premier*. C'est en effet dans le papyrus cité le titre du *premier* article; les autres suivent par ordre avec l'indication du nombre ordinal. Il n'y a donc aucun exemple qui autorise à donner au caractère la *tête*, la valeur phonétique de A. Ce que Champollion avait enseigné là-dessus reste toujours démontré, et notre auteur aurait pu s'épargner la peine de corriger encore une fois à faux *son illustre maître*, avec la prétention d'avoir reconnu, comme il dit, *l'inexactitude de l'assertion du hiérogram- mate français* (ibi). Pourtant comme il lui arrive plusieurs fois à la note 2 de la page 135, il ne se rappelle pas ce qu'il a dit ici; car pour lire le nom d'un des décans du zodiaque de Denderah, écrit comme au nº 16 de notre planche, il le prononce *tape-biou*, *chef des esprits* pour y trouver le mot TAPIBIOU ou TOPIBIOU, par lequel a été transcrit le nom d'un des décans. Ici, on ne voit pas l'article P, et on ne peut regarder la *tête* comme phonétique.

Mais nous ne finirions jamais cet écrit, si nous voulions noter tous les endroits où l'auteur affirme formellement avoir, lui, découvert, remarqué, noté, etc., telle ou telle autre chose que nous savons se trouver depuis longtemps dans les papiers de Champollion.

Nous affirmons des choses qui tôt ou tard peuvent être vérifiées sur ces papiers mêmes.

C'est de M. Rosellini qu'il a pris, comme une foule d'autres choses, la découverte de la forme du caractère nº 17 de notre planche (1), et pourquoi le taire? Tandis qu'il cite seulement la planche de l'ouvrage où se trouve

---

(1) *Monumenti civili*, tom. II, pag 281 et suiv.

cet instrument, comme si c'était lui qui l'avait reconnu (page 66). Et à la page suivante, il a l'air de s'approprier aussi la découverte de la valeur NEB du caractère n° 18, et de son homophône le *sphinx*, déjà démontrée par M. Rosellini, non seulement dans son deuxième volume des *Mon. stor.*, page 221 et ailleurs, mais aussi dans sa *Lettera filologico-critica* à M. Peyron, imprimée en 1831. Pourtant l'auteur, afin de montrer y avoir ajouté du sien, regarde ce caractère comme représentant non pas le mot NEB, selon l'usage de tous les textes, mais comme signe de la consonne N ; et il veut que la *fei*, dernière lettre du mot *nakhschtenebf* (le nom du roi *Nectanèbe*), passe pour B, complément du mot *neb !!* Malheureusement le tour ne réussit pas ; car c'est par une faute qu'il veut couvrir un acte de mauvaise foi. Le *sphinx* est toujours (comme son homophône n° 18) idéographique, et la petite *ligne perpendiculaire* qui le suit dans tous les cas cités, le démontre clairement (1). Et c'est en cela que consistent les augmentations faites par notre auteur à l'alphabet de Champollion ! Il faut d'abord observer que le savant français n'a pas admis dans la liste de sa *Grammaire*, *absolument* tous les *homophônes*, mais seulement les plus remarquables. La preuve en est qu'il donne souvent dans les exemples expliqués et analysés dans le courant de la même *Grammaire*, des homophônes qui ne se trouvent pas dans la liste. Il était convenu que le Dictionnaire de M. Rosellini les aurait tous compris. Il faut ensuite remarquer que notre auteur donne des homophônes (et ils ne sont pas en petit nombre) que Champollion a omis, parce qu'il ne le sont pas du tout.

Enfin, à la page 72, il déclare franchement avoir *complété* le tableau des signes phonétiques (il en a pourtant

---

(1) *Voir* M. Rosellini, L. C.

omis un certain nombre qu'apparemment il n'a pas connus); et il affirme qu'il a « le droit de tirer cette consé-
« quence , puisque son alphabet renferme au moins *cent*
« hiéroglyphes phonétiques *nouveaux* en comparaison
« de celui publié dans la *Grammaire hiéroglyphique.* »
M. Rosellini a déjà fait connaître dans ses volumes, plusieurs de ces caractères que notre auteur s'approprie. Ensuite nous venons de faire remarquer en quoi consistent
les augmentations faites à l'alphabet de Champollion. Nous
invitons le lecteur à voir à la page 72 et suivantes, le calcul
plaisant que fait notre auteur des caractères qu'il prétend
avoir découverts. Nous nous épargnons l'ennui de le suivre
dans cette *opération compliquée*, quoique nous soyons
convaincus qu'on pourrait facilement réduire son résultat
à *zéro*.

Il se montre lui-même bien jaloux, et on dirait presque
peu confiant qu'on lui veuille accorder ce chiffre imposant
de découvertes nouvelles : il revient à la fin de la page 73
sur les *cent et quelques homophónes que son alphabet renferme de plus que celui de la* Grammaire hiéroglyphique,
« duquel je prétends cependant (ce sont ses propres pa-
« roles) avoir le premier trouvé la *démonstration.* » Écoutez
bien : c'est lui qui a trouvé le *premier* la démonstration
de l'alphabet de Champollion !!! Ainsi le savant français
était parvenu à établir la valeur des caractères hiéroglyphiques, sans savoir pourquoi, sans en connaître les
preuves : il avait découvert ces valeurs *à priori* ; ou pour
mieux dire, il les avait tout simplement devinées ! Nous
en appelons d'abord à la *Grammaire Égyptienne* et au nombre immense d'exemples qui y sont recueillis, dont un des
objets principaux est de prouver la valeur des caractères
qu'ils renferment. Nous en appelons ensuite aux papiers
manuscrits de Champollion qui peuvent dévoiler bien des
choses, qui pour nous ne sont pas du tout des mystères. De
même, toutes les preuves nombreuses que M. Rosellini a

de temps en temps ajoutées, suivant l'opportunité de ses
explications, sont, d'après la prétention de l'auteur, comme
si elles n'existaient pas. Nous croyons qu'une assertion
plus effrontée n'a jamais été prononcée. Tout écrivain
qui aurait eu vraiment la conscience d'avoir fait cette
découverte, aurait laissé au public savant la tâche d'en
faire l'aveu; car il s'agit d'une chose assez importante et
assez facile à vérifier pour que l'auteur ne se récrie pas
sur une pareille *prétention*, avant même qu'on la lui ait
contestée. On voit bien qu'il avait une grande crainte
d'être démasqué. C'est cette même crainte qu'il laisse entrevoir toutes les fois qu'il prétend avoir fait une nouvelle
découverte ; car il sait mieux que tout autre que ces choses
sont déjà connues par quelques savants, et qu'elles se trouvent au moins indiquées dans les papiers d'où il les a tirées.

A la page 75, et dans les deux suivantes, notre auteur
essaie de rendre raison de la *double* valeur alphabétique
de quelques caractères (1). Mais n'ayant aucune connaissance des langues orientales, surtout sémitiques, il n'a
pas eu l'idée d'en donner la seule et véritable raison,
celle de la permutation *systématique* des lettres d'un
même organe. C'est ici qu'il aurait bien eu à faire un travail utile et critique, celui de séparer les lettres de l'alphabet copte, et de les ranger par classes selon l'organe qu'on
employait à leur prononciation : car cette classification
varie dans l'alphabet de chaque langage, d'après la nature
des sons qui lui sont propres. Les homophônes hiéroglyphiques, bien établis, auraient été d'un grand secours
pour fixer cette espèce d'homophônie des lettres égyptiennes, d'où vient que certains hiéroglyphes paraissent

____

(1) Cette double valeur se retrouve réellement dans quelques caractères hiéroglyphiques, par des raisons d'analogie de son. Mais nous avons fait voir que
plusieurs valeurs différentes, et que notre auteur attribue à certains caractères,
ne sont que chimériques.

avoir une *double* valeur. Mais notre auteur ne s'en est pas
même douté, et il s'est embrouillé d'une manière étrange
en faisant remarquer quelques changements analogues
dans les lettres des mots coptes, qui, d'après lui, demeu-
rent là sans raison. Car cela ne prouve autre chose sinon
que le copte est, comme tout le monde sait, la transcription de la langue qu'on parlait anciennement en Égypte,
et qui était écrite en hiéroglyphes. Mais la cause de ces
changements, l'origine de cette homophônie de caractères, est pour notre auteur, non seulement un mystère,
mais un fait dont il n'a pas même soupçonné l'existence.
Demeurant toujours dans l'ignorance de ce principe, il
continue à faire des rapprochements insignifiants, tirés
des langues sémitiques, où son manque de savoir en cette
matière reste complétement dévoilé. Par exemple, il nous
dit que presque tous les mots hébreux écrits par *ain* ou
thau se changent dans le chaldéen en *schin :* il aurait dû
écrire *tzade* et *thau*, au lieu de *ain* et *thau*. Plus bas, voulant citer le mot hébreu KHAM *socer* en rapport avec le
copte *schom*, il écrit avec une faute THOM, et il en transcrit aussi fautivement la prononciation CHOM, au lieu de
KHAM. Aussitôt après, voulant écrire encore en hébreu le
mot *octoginta*, en rapport avec le copte HEMNE, il confond le chaldéen avec l'hébreu, et il écrit *temanàn* au lieu
de *schemonim*, comme c'était nécessaire à sa question ; car
il veut uniquement prouver dans cet endroit le changement de l'*h* en *sch*.

 A propos du changement de *k* en *h* et *kh*, il écrit (page
« (76 le syriaque GEPHO *ulna*, et l'hébreu GHAF, *idem*,
« dérivés du copte HÔFT *ulna*. » On est d'abord tout
étonné d'entendre citer des mots sémitiques avec un
sens qu'ils n'ont jamais eu ; mais on pense de suite que ce
rapprochement, quoique inadmissible, ne peut pas lui
appartenir. On voit même que son mot copte HFÓT, dont
il veut faire dériver les deux mots sémitiques *gepho* et

ghaf, n'exprime pas du tout l'idée *ulna* dans son propre sens, comme il semble le croire, n'y ayant ajouté aucune explication (apparemment parce qu'il ne connaît pas non plus le sens de ce mot latin) ; mais il exprime une espèce de mesure d'espace répondant au mot *brasse* ὀργυιά (1).

Nous disions que ce rapprochement de mots sémitiques avec le copte *hfôt*, n'appartient pas à l'auteur; il l'a en effet *copié*, sans nous en avertir, de l'ouvrage de Rossi (2). Mais il n'était pas en état de s'apercevoir qu'un tel rapprochement n'est qu'une simple opinion de ce savant, fondée sur son système de rapporter les mots égyptiens à une origine sémitique. Sans cette préoccupation d'esprit, le savant Rossi aurait vu que les textes n'autorisent pas à attribuer au mot syriaque *gepho* et à l'hébreu *ghaf* la signification d'une espèce de *mesure*, telle qu'elle est proprement et exclusivement exprimée par le mot copte *hfôt*. Il est aussi à remarquer que notre auteur ignorant, à ce qu'il paraît, le système du livre auquel il a emprunté cette érudition sémitique, regarde les deux mots syriaque et hébreu, comme dérivés de l'égyptien *hfôt*.

Toutes ces remarques, quoique en partie minutieuses, ne sont pas moins suffisantes pour prouver quelle est la source et la façon de la science de notre auteur. Ces mots sémitiques, presque tous écrits avec des fautes dans la même page, et mal appropriés à la question ; cette érudition déplacée et mal comprise, démontre une science façonnée sur les ouï dire de quelque savant, qui a probablement énoncé des choses vraies, mais que notre auteur n'a pas su comprendre, ni reproduire sans les défigurer par des fautes, dont il n'est pas en état de s'apercevoir.

---

(1) Act. apost. XXVII, 28.
(2) *Etymol. Ægypt.*, pag. 308.

L'auteur, pour prouver (page 78) la valeur de E, R, et M au même caractère n° 11 de notre planche, assure que les égyptiens faisaient un usage presque exclusif de ce signe pour exprimer les idées de *in*, *dans*, *habitant*, *demeurant dans*, etc., et que ce mot qui nous reste dans le copte se prononçait soit EM, soit REM, soit M (1). Nous ne ferons pas ici la critique de cette théorie qui mérite d'être examinée. Nous dirons seulement que comme notre auteur compte cette découverte parmi les *cent et plus* qui complètent l'alphabet de Champollion, il est juste qu'il la rende à son véritable auteur au lieu de la confirmer par sa propre autorité en citant la fameuse *Campagne de Sésostris*. C'est Champollion qui a assigné la valeur de REM à ce caractère, et notre auteur l'a copié dans ses papiers, où on pourra toujours le retrouver. Il existe dans les petites cartes sur lesquelles le savant français avait commencé à écrire les mots hiéroglyphiques par ordre alphabétique, et il se trouve sous la lettre R : il y a cité, entre autres exemples, celui de l'inscription de Rosette, où l'on nomme *les habitants de l'Égypte*, *les Égyptiens* : nous en avons vu la copie chez M. Rosellini. C'est à cette même page 78 que l'auteur, en six lignes de note, donne en tranchant un jugement comparatif entre le Lexicon de M. Peyron et celui de M. Tattam, en ces termes. « A propos de ce Lexicon « (celui de M. Peyron), je dois désormais avertir le lec-« teur que la signification de tous les mots coptes que j'ai « eu occasion de citer est fondée sur l'autorité de cet ou-« vrage éminemment savant et consciencieux, le seul qu'il « soit permis de consulter avec confiance parmi les dic-

---

(1) M. Rosellini a démontré par plusieurs exemples consignés dans ses volumes 2ᵉ et 3ᵉ des *Monumenti civili*, que ce caractère seul ou avec ses compléments, a le plus souvent l'expression de la préposition copte thébaine HEM *in*, qui, dans les textes hiéroglyphiques, prend aussi les marques du pluriel EUHEM *qui sunt in*.

« tionnaires coptes ; je n'en excepte pas même le *Lexicon*
« *Ægyptiaco Latinum*, que M. Tattam a fait paraître ré-
« cemment en Angleterre. Il est trop juste de dire que le
« *Lexicon* du savant anglais, de beaucoup inférieur à
« celui de M. Peyron, pour la quantité de *radicaux* nou-
« veaux qu'il renferme, ne mérite seulement pas de lui
« être comparé sous le rapport de la critique. » Après ce
que nous avons montré plus haut à propos du mot *kes,*
que l'auteur a traduit *idem* par une méprise fort plaisante,
on voit quel usage il a fait du Lexicon de M. Peyron, qui,
à la vérité, ne peut pas être trop flatté d'un pareil jugement. Quant à nous, tout en reconnaissant de bonne foi
le mérite éminent du savant italien et de son ouvrage,
nous sommes portés, et par l'examen que nous en avons
fait nous-mêmes, et par le jugement de quelques savants
habiles et sans préventions, à juger le Lexicon de notre
savant compatriote d'une manière moins défavorable.
Nous croyons que les deux lexicons réunis sont très utiles
à l'usage du philologue égyptien ; car il y a plusieurs
choses dans l'un que l'on désire dans l'autre, *et vice
versâ.*

Nous remarquerons en passant une autre prétention de
notre auteur, page 79, à corriger Champollion en ce qu'il
avait admis une espèce d'*écriture secrète* pour expliquer
la double valeur de quelques caractères. Pour combattre
cette *écriture secrète*, il dit qu'elle ne pouvait pas être telle,
puisqu'on trouve ces caractères « dans les inscriptions
« des monuments publics, tels que les *tombeaux des rois*
« et les *rituels funéraires!!!* » Il se met ensuite à for-
muler le principe du choix des caractères phonétiques
déjà découvert par Champollion d'une manière différente
de celle qui fut énoncée par *son illustre maître* dans son
Précis. Nous nous bornons à dire qu'il n'a pas compris la
pensée du savant français, quant à l'*écriture secrète* ; et
que sa prétendue modification se trouve évidemment dans

la *Grammaire* de Champollion, où sont renfermées les corrections et les modifications du *Précis*.

Feu Champollion avait déjà annoncé dans la *Lettre à M. Dacier*, qu'il serait possible de retrouver dans l'ancienne écriture phonétique égyptienne, sinon l'origine, du moins le *modèle* sur lequel peuvent avoir été calqués les alphabets des peuples de l'Asie occidentale, et surtout ceux des nations voisines de l'Égypte. Cette heureuse idée du savant français reçut un développement convenable de M. Rosellini, dans différentes lettres insérées dans le journal le *Globe* en 1827, 1828, et plus tard, dans ses cours publics à l'Université de Pise, dont plusieurs journaux rendirent compte. Or, notre auteur s'est avisé de pousser cette idée par des rapprochements fantastiques, jusqu'à vouloir faire croire que les alphabets sémitiques n'ont pas seulement une ressemblance de *modèle* avec l'alphabet égyptien, mais qu'on a emprunté de l'Égypte la *forme* matérielle elle-même, et quelquefois le *nom* de la plus grande partie des caractères alphabétiques hébreux, syriaques, etc. (page 86). C'est ici qu'il se lance de nouveau à faire ses malheureuses preuves dans le champ de l'érudition orientale, et qu'il erre, comme plus haut dans les langages sémitiques. Il prétend prouver sa thèse par un tableau comparatif des signes de ces langages avec les caractères hiéroglyphiques (pl. L). Pour démontrer complétement la futilité de cette comparaison, il faudrait mettre sous les yeux du lecteur ce tableau même. Mais nous nous bornerons à faire quelques observations qui révèlent l'inconséquence et l'arbitraire d'une pareille prétention, qui est d'ailleurs rejetée par la nature même des alphabets sémitiques, comme nous le dirons tout à l'heure.

L'auteur commence par la lettre A, l'*aigle* hiéroglyphique, hiératique et démotique, en comparaison avec l'*a-leph* des hébreux. La prétendue ressemblance, s'il y en a une, malgré le peu d'exactitude donnée aux formes de

3

ces caractères, existe ici, comme dans la plupart des autres lettres, entre la forme *sémitique* et la forme égyptienne *démotique*. Or, il est connu que l'écriture démotique
ne fut pas en usage en Égypte avant la dynastie XXVI des
Saïtes, six à sept siècles avant J.-C. Ainsi on ne trouvera
pas probable que les peuples sémitiques, les Hébreux, les
Phéniciens, etc., aient emprunté les formes de leurs lettres de l'alphabet démotique des Égyptiens. Mais l'auteur
qui ne s'inquiète pas beaucoup de ces minuties chronolo-
giques, note aussi quelques rapprochements *frappants*
entre les formes égyptiennes et les lettres hébraïques des
médailles !! Du reste, il n'est jamais embarrassé dans ce
rapprochement ; car, comme pour mieux en afficher le
fantastique et l'arbitraire, il ne suit aucun dialecte sémitique particulier, ou plusieurs ensemble, en ordre; mais
s'il ne trouve pas la ressemblance d'un caractère dans l'hébreu, il l'a dans le pehlwi et dans le pechito, ou dans le
sassanide, ou dans le grec ancien, ou dans le hiérosolymitain, ou dans le babylonien ou dans le phénicien, ou
dans le nestorien ou dans l'araméen, ou dans le palmy-
réen ou dans le mandéen, ou dans l'estranghelo; enfin il
a tellement étendu les limites de ses rapprochements, qu'il
aurait été impossible de ne pas trouver des ressemblances,
surtout lorsqu'il s'agit de formes qui ne conservent plus aucune signification déterminée, et qui sont réduites à une
simple convention. Ensuite ces mêmes formes qu'il reproduit, sont tracées plus ou moins exactement d'après
les différents tableaux où il est allé les chercher. De pareils
travaux, faits avec de tels moyens, rentrent tout-à-fait
dans la catégorie de plusieurs ouvrages de ce genre, que
la critique moderne a condamnés à l'oubli.

Nous ajouterons quelques mots sur le texte explicatif de
ce tableau : l'auteur y a naturellement apporté le même
vague et la même ignorance de la matière qu'il met en
comparaison. Après avoir montré la ressemblance de l'*a-*

leph hébreu avec l'*aigle démotique* égyptien, il prend l'hiéroglyphe la *téte humaine de profil*, et dans ses formes hiératiques, il la trouve ressemblante à la lettre A des alphabets grec ancien et hiérosolymitain. Laissons de côté, pour un moment, qu'à nos yeux, ces caractères ne se ressemblent pas le moins du monde : nous avons d'abord démontré plus haut que l'hiéroglyphe la *téte humaine de profil* n'est pas du tout un caractère phonétique, qu'il n'a aucune valeur comme lettre, mais seulement comme signe idéographique. Ainsi le terme principal de cette comparaison est faux. Mais il nous dit (page 87) : « Je « donne la forme de l'*aleph* des différents alphabets sémi- « tiques comme étant dérivés de la forme *hiératique* de « l'hiéroglyphe égyptien une *téte* ; or le mot *aleph* signifie « en hébreu *caput, chief, princeps.* » Même si ce rappro- chement était admissible, comme il ne l'est pas, et parce que la *téte* n'est pas une lettre en égyptien, et parce qu'il n'y a aucune ressemblance entre les caractères comparés, il aurait fallu noter que le mot *aleph* signifie aussi le *bœuf*, et qu'on a depuis longtemps reconnu et qu'on re- connaît toujours une resssemblance assez remarquable entre les différents signes sémitiques qui représentent la lettre A, et la *téte du bœuf.* Cette ressemblance ou analogie de la *forme* avec le *nom* dans la langue hébraïque, est frappante en plusieurs lettres de l'alphabet *carré*, dont la tradition hébraïque vante l'ancienneté : par exemple, la BETH, une *maison*, la WAW, un *crochet*, la DALETH, une *porte* ou *battant de porte*, la AIN, un *œil*, etc. Nous croyons donc tout-à-fait chimérique l'idée de notre au- teur, que les *formes matérielles* des alphabets sémitiques soient empruntées de l'alphabet égyptien, et nous nous attachons à reconnaître avec Champollion et M. Rosellini, que les peuples sémitiques ont pu composer un alphabet sur le même principe des caractères phonétiques égyp- tiens, mais en choisissant toujours des formes d'objets

3.

dont le nom était en rapport direct avec leur langue parlée, et sans aucune ressemblance avec les formes des lettres d'Égypte. Nous répéterons, d'après M. Rosellini, un des arguments les plus énergiques qui prouvent cette vérité. Les alphabets des Latins et des Grecs sont évidemment étrangers à ces peuples, parce que les noms des lettres n'ont aucune signification dans leur langue : *alpha*, *bêta*, *gamma*, *delta*, etc., n'ont pas de sens, ni chez les grecs, ni chez les Latins. Ils n'ont donné ces noms aux lettres que parce que les Orientaux, dont ils les ont reçues, les appelaient *aleph*, *beth*, *ghimel*, *daleth*, etc. Or c'est dans ces langues orientales, et non pas dans celle d'Égypte, que tous ces noms de lettres ont une signification. Il faut donc nécessairement qu'ils aient adopté des signes propres. Les Hébreux, par exemple, ou les Phéniciens, suivant peut-être le *modèle* de l'alphabet égyptien, dessinèrent une tête de *bœuf*, une *maison*, un *chameau*, une *porte*, un *crochet*, etc., parce que les noms de ces objets dans leur langue, *aleph*, *beth*, *ghimel*, *daleth*, *waw*, commençaient par la lettre que l'on voulait représenter. La trace matérielle de ces objets, nonobstant les observations contraires, mais non prouvées de quelques savants, est encore reconnaissable dans plusieurs lettres, et elle le serait clairement dans toutes, si nous connaissions l'alphabet primitif sémitique, qui donna origine à tous les autres.

Ici se termine l'introduction et l'explication de l'alphabet. Ensuite commence, à la page 93, une *analyse grammaticale raisonnée des deux textes égyptiens sculptés sur la pierre de Rosette.* L'auteur saute d'abord tout d'un coup les trois premières lignes du texte hiéroglyphique, en disant qu'elles se composent de si petits fragments, « qu'il est impossible d'en tirer un sens suivi. » Pourtant dans la première ligne, *vingt-huit* caractères restent encore bien distincts, l'un à la suite de l'autre, sans interruption : dans la deuxième, il y en a *cinquante-neuf* également suivis et bien lisibles ; et *soixante et dix-sept* dans la troisième, tous distincts et sans lacunes : ainsi les *fragments* ne sont pas si *petits*.

L'auteur emploie six pages pour prouver que le caractère n° 19 de notre planche signifie l'*argent*, ou pour mieux dire, afin de démontrer que le caractère l'*oignon* n° 20, qui se combine avec le n° 17, exprime l'idée *blanc*. Il dit que, dans la *Grammaire* de Champollion, cela est déjà annoncé ; mais « comme aucune preuve n'accompagne « l'assertion de l'hiérogrammate, j'ai dû la chercher dans « la comparaison des textes. » Sans qu'il se donnât tant de peine, il aurait pu en voir la démonstration la plus complète, publiée, il y a plus de trois ans, par M. Rosellini (*Mon. civ.*, tom. ı, page 377, tom. ıı, page 300 et ailleurs). Et certes, cette démonstration ne lui était pas inconnue ; car il cite ici, comme il est forcé de le faire souvent, les *Monumenti dell' Egitto*, etc., mais toujours en renvoyant aux planches, et ne citant jamais le texte, duquel il prend une foule de choses qu'il débite comme étant ses propres découvertes.

Qu'est-ce qu'il y a de plus connu, de plus anciennement prouvé par Champollion, et confirmé ensuite par M. Rosellini par mille exemples différents, que le sens *grand* du groupe n° 21 de notre planche ? Eh bien, l'auteur qui ne fait que reproduire toutes les preuves qu'on en a déjà fournies, se donne l'air d'en avoir fait la découverte, en écrivant : « cette circonstance ne peut servir qu'à démon- « trer encore mieux l'exactitude de la signification de «*grand*, QUE JE LUI PRÊTE (à ce groupe, page 102).» Mais comme il marche presque toujours de ce pas, nous épargnerons à nous et au lecteur l'ennui d'en citer tous les exemples, qui s'offrent, pour ainsi dire, à chaque page.

De la page 104 à la page 108, il parle des différents signes employés par les Égyptiens pour marquer le pluriel des noms. Champollion en a donné la théorie et les exemples dans le chapitre VI de sa *Grammaire*. Mais notre auteur ajoute quelques formes nouvelles de pluriel auxquelles le savant français *n'avait pas fait attention*. A la vérité, il nous semble que tout se trouve dans le chapitre cité de la *Grammaire Égyptienne*, relativement aux marques du pluriel, et que les formes nouvelles notées par l'auteur dérivent directement des théories que Champollion a énoncées et prouvées par les exemples. Seulement on n'y trouve pas indiquée une forme singulière *découverte* par notre auteur, laquelle « (page 106) consiste « dans la triple répétition du caractère exprimant l'ar- « ticle, cet article se trouvant rejeté à la suite du mot, et « le mot même appartenant au genre féminin.» A la vérité, il ne serait pas facile de le croire sans des exemples clairs et évidents. Malheureusement, il n'en cite qu'un seul, et celui-ci ne prouve rien du tout. C'est dans une des planches des *Monumenti dell' Egitto*, etc., M. C. n° XLI, où au-dessus de figures qui représentent la cuisson des écheveaux du *coton jaune* (*gossypium religiosum*), on lit, écrite en hiéroglyphes, l'action même figurée. L'auteur raisonne de cette manière : « L'idée d'écheveaux est ren- « due au moyen des signes figuratifs un *brin de fil* et un « *écheveau*, suivi par l'*article du genre féminin* T, trois « fois répété. Il est étonnant que M. Rosellini ait seulement « pu soupçonner qu'au lieu de la reproduction de la forme « la plus ordinaire de l'article féminin, il s'agissait ici de « l'expression égyptienne qui désigne le *coton !!*» Nous disons, au contraire, qu'il est bien étonnant avec quelle franchise notre auteur tranche les difficultés, et change les termes des questions. Dans l'inscription citée, on a d'abord exprimé l'idée *cuisson*, qui est suivi de cinq caractères, le figuratif d'un *écheveau*, un *disque* ou *cercle*, signe probablement de la lettre *kh* ou *sch*, et les troi *segments de sphère* T. Le *brin de fil* ajouté par l'auteur n'y

est pas du tout, et en revanche, il a supprimé le *disque*
qui suit immédiatement le figuratif *écheveau*. M. Rosellini
auquel il ne pouvait jamais venir dans la tête que ces trois T,
précédés d'une autre consonne, fussent une marque de pluriel, dont on n'a d'exemple dans aucun texte, dit, avec
cette réserve qui, malgré son habitude et sa profondeur
dans ces études, distingue toujours l'énoncé de ses opi-
nions : « il n'est pas improbable que par les quatre derniers
« caractères (c'est-à-dire par le *sch* ou *kh* et les trois *seg-*
« *ments* de *sphère*), on ait exprimé le nom égyptien du
« *coton*, qui d'ailleurs n'est pas connu. » (*Mon. civ.*, t. ii,
page 14). En effet, le contexte et toutes les circonstances
de la chose représentée exigent l'expression de ce mot.
Nous laissons juger au lecteur l'importance des augmentations faites par notre auteur à la *Grammaire* de Champollion, et sa bonne foi lorsqu'il présume corriger les
prétendues fautes des autres.

Suivent quatre pages (108 à 111), pour prouver que le
mot écrit en hiéroglyphes HRA signifie *et*, *avec*, et pour
expliquer la filiation des prépositions analogues, soit en
copte, soit en hiéroglyphes. L'auteur parle de tout cela
en son propre nom, de manière à ne laisser aucun doute
au lecteur que c'est lui qui en a fait la découverte. Dans les
deuxième et troisième parties de la *Grammaire* de Champollion, qui sont maintenant sous presse, et que l'auteur a vues et copiées dans le manuscrit, on trouvera les
preuves et l'analyse de cette filiation. Nous citons un fait
qui pourra être vérifié par chacun : nous-mêmes en avons
eu déjà connaissance complète. Du reste, le sens *et*, *avec*
du mot HRA, a été déjà donné, il y a quatre ans, par
M. Rosellini, qui l'a prouvé par un exemple incontestable
(*Mon. stor.*, page 406).

L'auteur a pourtant voulu ajouter ici quelque chose de
sa façon, et c'est, comme toujours, une méprise. Il prétend (page 110) que la même préposition HRA est écrite

avec des homophônes déterminés d'après le sens *supra* ou *subtus* qu'elle reçoit, ayant, dans le premier cas, pour initiale la *tête de face*, et dans le second une espèce de *siége* (1). Il se trompe : la préposition qui est écrite par la *tête de face* et la *bouche* nº 22, ne reproduit pas du tout le mot HRA ; mais elle répond exactement au copte HIRO, comme plusieurs variantes des textes le prouvent. La chose revient au même quant au sens ; mais nous avons voulu faire cette remarque pour montrer la science et la perspicacité de l'auteur, lorsqu'il veut se lancer tout seul.

Après cela, il se met à expliquer le groupe nº 24 de notre planche, *alia omnia* ; et nous voilà avec les mêmes phrases, « ici, il devient nécessaire d'exposer d'abord les motifs « pour lesquels j'*assigne* à ce caractère (la *corbeille*) la « signification de *tout*, *tous*, d'autant plus que c'est là le « sens que je lui ai prêté dans les nombreux passages, etc.» Tout homme de bonne foi croirait encore que c'est lui qui s'en est aperçu le premier. Mais s'il avait eu, lui, un peu de cette bonne foi à laquelle il paraît avoir renoncé, n'aurait-il pas dû avertir que c'est de M. Rosellini qu'il l'a appris? Car, sans parler de beaucoup d'endroits de son dernier ouvrage, où il a expliqué ce groupe, il en a démontré jusqu'à l'évidence le sens et l'analyse dans sa *Lettera filologico critica* à M. Peyron, imprimée depuis l'année 1831. Pourtant l'auteur ajoute encore ici un peu du sien : il prétend que le caractère nº 25, NIM, est employé comme marque de pluriel, et il nous le donne pour une de ses découvertes à ajouter à la *Grammaire* de Champollion (page 114). Nous nous bornerons à dire que l'exemple qu'il en donne pour preuve, comme plusieurs autres que nous connaissons, ne favorisent nullement cette assertion.

----

(1) *Voir* notre planche nº 22 et 23.

Feu Champollion ayant observé que dans les textes égyptiens hiéroglyphiques, on emploie ordinairement la préposition la *bouche* R pour exprimer *ad, coram, versus*, etc., il en
tira la conséquence que c'était la forme ancienne de la préposition copte È : une foule d'exemples et de rapprochements
confirment l'opinion du savant français. Notre auteur nous
fait savoir qu'il ne partage pas là-dessus l'opinion de *son
illustre maître*, et il dit (page 126) « que sans supposer l'exis-
« tence d'une forme plus ancienne de la préposition copte
« È, notre forme orthographique R, RO ou ERO peut s'ex-
« pliquer très bien par la comparaison de cette dernière
« langue : j'en reconnais l'origine dans la *préposition com-
« posée* ERO, qui, en prenant les pronoms en *affixes*, de-
« vient ERÔ, ERÔK, ERÔF, *vers moi, vers toi*, etc. » Ici
l'auteur ajoute une note que nous croyons devoir rapporter toute entière, et la commenter afin que le public con-
naisse tout ce qu'elle renferme de faux, d'insolite, et même
de *maladroit* de la part de l'auteur. « Qu'il me soit permis,
« dit-il, de rappeler ici que c'est moi qui ai, le premier,
« indiqué ce rapprochement, fécond en conséquences, du
« copte ERO, qui sert à fixer l'origine et la valeur de la
« préposition hiéroglyphique R : on peut vérifier cette
« assertion à la page 24 de ma *seconde lettre des princi-
« pales expressions qui servent à la notation des dates*,
« publiée *depuis deux ans*. Je me vois obligé de relever ici
« cette circonstance, à la vérité fort peu importante pour
« la science, depuis que j'ai remarqué que dans une note,
« à la page 457 du *deuxième* volume des *Monumenti civili
« dell' Egitto*, qui vient de paraître, M. Rosellini a cru
« pouvoir tout bonnement s'approprier mes observations.
« Comme tous les amis et disciples de feu Champollion
« n'ignorent pas que les différentes explications que M. Ro-
« sellini a publiées jusqu'ici sont très souvent dues à l'hié-
« rogrammate français, et comme le savant professeur de
« Pise, apparemment pour ménager l'espace, a adopté le

« système d'y supprimer le nom de son illustre maître, on
« pourrait croire qu'il en est de même de l'auteur du rappro-
« chement en question (ERO avec R), que de mon côté, j'ai
« pourtant publié comme m'appartenant. Je ne pouvais
« m'abstenir de le réclamer ici sans courir le danger d'es-
« suyer les mêmes reproches que le savant toscan. » Nous
commençons d'abord par faire observer : 1° l'auteur dit à
tort que c'est lui qui a le premier indiqué ce rapprochement du copte ERO avec R, préposition hiéroglyphique :
il l'a tout bonnement copié de la *Grammaire Égyptienne*
de *son illustre maître*, dans la partie qui est encore sous
presse, comme on va bientôt le voir. Là où Champollion
traite des pronoms, il dit que les pronoms simples I, K,
F, etc., combinés avec la *bouche* R, ER, répondent par
l'union à cette préposition, à la forme du datif des latins;
et que cela nous représente la forme primitive des pronoms coptes EROI, EROK, EROF, *à moi*, ou *vers moi*,
vers toi, etc. Champollion, qui avait bien reconnu que la
préposition hiéroglyphique isolée R (la *bouche*) avait son
correspondant dans la préposition copte E, avait aussi
compris que cette même préposition hiéroglyphique R,
lorsqu'elle se joint aux pronoms, représente la préposition copte ERO, qu'on ne rencontre *jamais* isolée, et que
par conséquent elle ne peut pas répondre à l'R hiéroglyphique, préposition isolée. Ainsi notre habile auteur a
pris de Champollion ce rapprochement; il s'en est fait sa
propriété; et il s'en est servi pour faire une prétendue correction à *son illustre maître.* Évidemment, comme nous
l'avons déjà dit, il a compté faire de l'effet, seulement auprès des personnes qui ne cultivent pas ces études sérieusement, et qui ne se soucient pas de comparer les différents ouvrages qui y ont rapport. Champollion ayant
donc appris à notre auteur que la préposition hiéroglyphique R (la *bouche*) était, dans certains cas, représentée
par le copte ERO, il a voulu, pour masquer le plagiat,

étendre le rapprochement même à la préposition hiéroglyphique R isolée, qui, d'après Champollion, est l'ancienne forme égyptienne de la préposition copte E. Mais
nous soutenons que cette idée de l'auteur n'est pas admissible, par bien des raisons, dont voici les principales. D'abord
on n'a pas jusqu'à présent rencontré une seule variante où
cette préposition isolée R porte le signe de la voyelle initiale, comme on la trouverait certainement dans quelques
cas, si elle était le correspondant du copte ERO, préposition qui, ainsi que nous l'avons noté, n'est jamais isolée
dans cette langue. Ensuite nous rappellerons ici ce que
nous avons entendu à ce propos dans une leçon publique
de M. Rosellini, en 1833, quand nous nous trouvions pour
la première fois à Pise. Il ne faut pas oublier, disait le savant
professeur, à propos de la R hiéroglyphique changée en E
par les coptes, que lorsqu'on a transcrit la langue égyptienne en lettres grecques, on a tâché de rendre plutôt la
prononciation que l'orthographe. C'est ce qui devait être
naturellement, et ce qui est démontré par une foule d'exemples. Or la lettre R est un son faible, et par la nature de sa
prononciation susceptible de se perdre en se confondant
avec une aspiration ou une voyelle. Nous en avons beaucoup d'exemples dans le copte et dans les textes hiéroglyphiques, où l'on voit que cette lettre a tout-à-fait disparu
dans les mots. Il en est de même dans nos langues modernes:
pour peu qu'on grasseye la prononciation de l'R, elle prend
le son de gutturale; si le grasseyement est plus fort, elle va
presque se confondre avec une voyelle, et elle est à peine
aperçue. Cela arrive chez les Français, surtout dans la
prononciation des Parisiens : chez nous, particulièrement
dans la prononciation de certains mots, la lettre R est
presque inaperçue. Nous avons des preuves que cela arrivait aussi dans le langage de peuples voisins de l'Égypte.
Chez les Hébreux, par exemple, la lettre *reseh* était, ainsi
que nous apprennent les Masorètes, incapables de redou-

blement, comme les sons aspirés et les voyelles : ainsi , elle
ne pouvait pas recevoir le *daghesch forte*. De ce raisonne-
ment aussi clair que juste , le professeur de Pise tirait la
conséquence que cette préposition isolée qui, dans les
hiéroglyphes, s'écrit R (la *bouche*), devait avoir un son
faible et, pour ainsi dire , *vocalisé*, en sorte que ceux qui
transcrivaient la prononciation plutôt que l'orthographe ,
ont cru devoir la rendre par E. Voilà comment il faut entendre l'idée de Champollion, que l'R hiéroglyphique était
une ancienne forme du copte E ; et ce qui exclut la prétendue découverte dont notre auteur fait tant de bruit.

2° Ce que nous venons de dire démontre déjà la faus-
seté de ce que l'auteur avance, c'est à dire, que M. Rosellini
se *soit approprié son observation*. Il dit d'abord, avec sa
bonne foi ordinaire, que le professeur de Pise lui a joué ce
tour dans le second volume des *Monumenti civili, qui vient
de paraître*. Le livre de l'auteur a paru à la fin de 1856,
et le second volume de M. Rosellini a été publié au commencement de 1834 !! En comparant les époques, on peut
même se convaincre, que lorsque M. Rosellini écrivait ce
volume, il n'avait eu aucune connaissance, comme il nous
l'a assuré , de cette *seconde lettre* dans laquelle l'auteur
consigna la première fois *son* observation : cette lettre
publiée en 1833, ne fut connue en Toscane qu'à la fin de
cette année.

Mais quel rapport y a-t-il entre l'explication donnée par
M. Rosellini et la prétendue découverte de notre auteur?
Voyons-le : le professeur de Pise en traduisant une inscription de la pl. M. C. n° LXXXIII, vol. II des *Monumenti civili*, page 457, trouve le groupe n° 26 de notre
planche (R K), et il y reconnaît, non pas la préposition
isolée R, en copte E, mais la forme ERO *affixe* aux pronoms simples, dont nous avons parlé plus haut ; et par
conséquent il transcrit ce groupe, en copte , EROK, *à toi,
vers toi*. Et il ajoute ici une note, que nous traduisons

mot à mot. « L'R est dans les textes hiéroglyphiques la
« forme qu'on emploie fréquemment au lieu de la pré-
« position copte E, *ad, versus* : ce changement existe aussi
« dans le copte, et il est propre au dialecte Thébain (1) :
« par cette lettre on forme les pronoms au cas datif,
« EROI, EROK, *à moi, à toi*, etc. » De cette explication,
quoique très courte, il résulte évidemment : 1o que
M. Rosellini regarde l'R préposition hiéroglyphique isolée,
ainsi que Champollion l'avait fait, comme répondant à
la préposition copte E, et par conséquent ne partage point
l'opinion de notre auteur, qui prétend qu'on ne doit pas
la rapporter au copte E, mais à la préposition composée
ERO. 2o Qu'il ne considère pas du tout, dans le cas
présent, cette préposition comme isolée, mais comme
répondant à celle qui est en usage en copte pour représenter le rapport du cas datif, et qui ne s'emploie qu'avec
les pronoms *affixes* : ce que nous avons déclaré plus haut,
d'après la doctrine de Champollion déjà consignée dans sa
Grammaire, et dont l'auteur s'est emparé pour en faire
un si noble usage. C'est donc encore une fausse assertion
que M. Rosellini se soit approprié une observation qui est
contraire à son exposé, que nous venons de rapporter,
et qui est justement le passage signalé par l'auteur, dans
lequel il se plaint qu'on l'ait exproprié. Nous ne craignons
pas d'ajouter ici qu'une si ridicule allégation de notre
auteur rencontrera le mépris de tous ceux qui connaissent
le caractère du professeur de Pise, et sa manière de traiter
la science. Oui, nous osons l'affirmer, et croire être ap-
prouvés : même si l'observation de M. Rosellini se rencontrait avec celle de l'auteur (et nous avons démontré qu'elle

---

(1) Cette remarque a été mise de côté par l'auteur comme celle qui détruit
encore mieux *son* observation. Nous ne pouvons pas entrer ici dans des explications philologiques, que l'auteur des *Monumenti dell' Egitto* doit donner
avec étendue, lorsqu'il traitera cette matière d'une manière spéciale.

y est contraire); même si l'époque des deux publications rendait admissible la réclamation (et nous avons fait voir que cela n'est pas), aucune des personnes qui connaissent M. Rosellini n'aurait ajouté foi à cette calomnie de l'auteur. Les lecteurs jugeront ensuite par tout ce que nous avons prouvé et ce que nous prouverons dans cet écrit, qu'il est bien digne d'un homme qui dépouille les autres, de jeter les hauts cris, comme s'il était pillé par ceux mêmes qu'il pille.

3° Nous venons de montrer dans les deux paragraphes précédents ce qu'il y a de faux dans les prétentions et dans les réclamations de l'auteur. Nous allons maintenant faire voir, ce qu'il y a d'inconvenant et même de maladroit, dans la dernière partie de la note que nous avons rapportée ci-dessus textuellement. Comme l'auteur compte surtout trouver foi auprès des personnes qui sont peu versées dans cette science et dans son histoire, nous croyons devoir les détromper par l'exposé qui va suivre, exposé dont tous ceux qui ont connu Champollion et M. Rosellini, leurs études et leurs travaux, n'ont pas besoin.

Lorsque Champollion publia son *Précis*, etc. dans l'année 1824, le jeune professeur de Pise fut des premiers à s'occuper avec ardeur de la nouvelle découverte; et peu de mois après, au commencement de 1825, il publia une exposition du système du savant français pour en étendre la connaissance à un plus grand nombre de lecteurs (1). Ce petit ouvrage, par lequel la nouvelle découverte devint presque populaire en Italie, fut tellement agréé par Cham-

______

(1) *Il sistema geroglifico del sig. Champollion il minore dichiarato ed esposto all' intelligenza di tutti, dal D* *r* *Ippolito Rosellini, prof. di lingue orientali nell' J. R. Università di Pisa.* —Pisa, presso Sebast., Nistri, 1825; et dans *Nuovo Giornale dei Litterati*, Ni. XXIV et XXV.

pollion, qu'il en témoigna toute sa satisfaction à son auteur, lorsqu'il le connut pour la première fois à Livourne, où Champollion se rendit quelques mois après cette époque. Depuis ce moment M. Rosellini ne quitta plus Champollion que lorsqu'ils se séparèrent après le voyage d'Egypte, à la fin de 1829. Le jeune professeur, devenu ami et élève du savant français, se mit en état d'être son collaborateur, et ils partirent ensemble pour l'Egypte au mois d'août 1828, Champollion à la tête d'une commission Francaise, et M. Rosellini à la tête d'une commission Toscane. Il est inutile de répéter ici combien cette association fut heureuse pour la science, qui sans cette circonstance aurait fait une perte bien plus déplorable par la mort prématurée de Champollion.

Tout le monde sait que les résultats du voyage scientifique en Egypte devaient se publier à Paris et à Pise, dans un ouvrage commun entre Champollion et M. Rosellini : le prospectus en fut donné au public, en Français et en Italien, dans l'été de 1831. Dans cette année même s'étant trouvés ensemble à Paris, Champollion et M. Rosellini, partagèrent par moitié les matériaux recueillis en Egypte, qui devaient former le sujet de leur ouvrage. C'était par des travaux communs qu'ils les avaient réunis en se copiant, en se comparant mutuellement. Nous avons vu, comme tant d'autres, et examiné avec les auteurs eux-mêmes ces matériaux : ils sont identiques ; nous en avons même remarqué chez le professeur toscan une plus grande quantité que Champollion n'avait pas encore copiés, et que M. Rosellini lui aurait communiqués au besoin. Dans le partage des travaux faits déjà pendant leur séjour en Egypte, il y avait *Grammaire* et *Dictionnaire*, qui devaient faire un ensemble avec leur grand ouvrage, l'une appartenant à Champollion, l'autre à M. Rosellini. Ils s'occupaient souvent, en parcourant ensemble dans leur long séjour à Thèbes les matériaux recueillis, d'extraire chacun de leur côté des articles relatifs à la *Grammaire*, ou au *Dictionnaire*. Des premiers, qui ont servi à la rédaction de la *Grammaire égyptienne* de Champollion, ainsi que des seconds qui appartiennent au *Dictionnaire* déjà très avancé de M. Rosellini, nous en avons eu connaissance chez ce dernier ; ce qui nous a mis à même de reconnaitre les plagiats faits par notre auteur dans la partie de la *Grammaire* qui est encore sous presse (1).

On voit par conséquent que M. Rosellini par ses longues études sur la matière hiéroglyphique dont il s'occupait exclusivement, et par ses constants travaux de plusieurs années avec Champollion avant d'aller en Egypte, entreprenait ce voyage, comme chef de la commission toscane, avec tous les moyens qui étaient nécessaires pour utiliser en faveur de la science cette belle entreprise. Champollion et lui travaillèrent d'un commun accord dans le même but : les découvertes faites en Egypte appartiennent également à tous les deux ; d'après leur plan déjà adopté, de publication en commun, ils ne faisaient aucune distinction de ce qui avait été découvert par l'un ou par l'autre : les notes originales de chacun d'eux en fournissent la preuve. Le savant français, au lieu de dissimuler l'utile collaboration du professeur toscan, se plaisait dans ses écrits privés et publics à l'avouer, et à montrer son affection et son estime pour son unique élève et collaborateur. Dans la préface de la seconde édition du *Précis*, publiée en 1828, il se plait à rendre public que le Grand Duc de Toscane avait chargé le professeur de Pise de professer l'archéologie égyptienne à l'Université. Nous avons eu l'avantage de lire la correspondance de Champollion avec

---

(1) L'exposé des faits relatifs au partage entre Champollion et M. Rosellini des matériaux destinés à composer leur ouvrage commun, se trouve avec beaucoup de détail dans l'*Appendice* au 3e vol de' *Monumenti civili*, pag. 502 et suiv.

M. Rosellini depuis le moment de leur séparation après le voyage jusqu'à la mort du premier : c'est ici qu'on voit apparaître de la manière la plus lumineuse l'importance de la collaboration du savant toscan. Nous l'avons bien engagé à la publier ; on y trouverait aussi des détails très curieux, soit relativement à la science, soit par rapport à son histoire.

Champollion mourut six mois après le partage fait entre lui et M. Rosellini ; et, si l'on excepte la *Grammaire* que le savant français avait heureusement déjà rédigée, tout le travail resta dévolu en entier au professeur toscan, qui l'entreprit par son grand ouvrage *I Monumenti dell'Egitto e della Nubia* dont la publication commença en 1832.

Après avoir ainsi indiqué rapidement des faits qui sont généralement connus de tous ceux qui cultivent les études égyptiennes, nous devons tracer en peu de mots la marche des études de notre auteur, telle que nous l'avons apprise par des personnes qui en ont pleine connaissance. C'est à la fin de 1850, ou au commencement de 1831 qu'il se rendit de Romagne, son pays, à Pise avec des lettres de recommandation pour M. Rosellini. Notre auteur n'avait à cette époque aucune connaissance approfondie des études égyptiennes : il était tout-à-fait commençant, comme nous l'avons déjà dit ailleurs, et comme il nous a été attesté par M. Rosellini lui-même, par d'autres savants de Florence qui le virent à cette époque, et par M. M***, dont nous avons parlé au commencement dans l'*avis au lecteur*. Il reçut pendant quelques jours qu'il s'arrêta à Pise des conseils et des leçons élémentaires de M. Rosellini qui, à sa demande, lui donna des lettres pour différents savants, et entre autres pour Champollion à Paris, auprès duquel il comptait se rendre, comme il le fit en effet. Accueilli par le savant français avec la bienveillance qui lui était habituelle, et admis dans son cabinet avec cette confiance

et cette générosité qu'il témoignait à tous ceux qui se
montraient amateurs ou curieux des études Egyptiennes,
il se mit à copier tout ce qu'il pouvait des matériaux ou
des travaux manuscrits de Champollion. Nous avons vu
là-dessus un curieux document que la discrétion de son
possesseur nous empêche de produire. Notre auteur passa
ainsi presque tout le temps jusqu'à la mort de Champollion,
qui arriva au commencement de mars de l'année 1832.
Jusqu'alors il ne s'était montré d'aucune manière comme
savant égyptologue : personne n'avait entendu parler de
lui ; nous même ayant passé quelque temps à Paris à la
même époque, et nous rencontrant assez souvent avec
Champollion et avec les savants les plus distingués de cette
capitale, nous n'avions pas même entendu prononcer son
nom. Champollion meurt : au milieu des regrets univer-
sels d'une perte aussi déplorable, on regretta aussi la
perte d'un manuscrit qu'il lisait à différentes séances de
l'Institut, et qui contenait un travail spécial sur l'*année
astronomique* des Egyptiens. On dit, et plusieurs journaux l'ont répété à cette époque, que Champollion, aux
derniers jours de sa vie, prononça le nom d'un individu
étranger auquel il avait prêté ce manuscrit ; et que ce nom
fut ou mal compris ou bien oublié par les personnes qui
l'entouraient dans ce moment. Quelques mois après,
notre auteur se fit connaître pour la première fois au
public, par une lettre adressée à M. Gazzera de Turin,
sur *les principales expressions qui servent à la notation
des dates sur les monuments de l'ancienne Egypte*. Dans
cette première lettre, qui fut bientôt suivie d'une seconde,
l'auteur, après avoir répété la même histoire du manuscrit perdu, *à toujours peut-être*, comme il ajoute, déclare
qu'ayant eu « le bonheur de prendre dans le temps quelque
« connaissance de cet important travail, » il consignait
dans ces lettres « l'énoncé de ceux de ses principaux résul-
« tats, dont il lui avait été possible de garder le souvenir. »

C'est ainsi que notre auteur débuta, et de ce moment, annonçant les grands travaux qu'il avait fait, surtout sur les manuscrits *originaux* égyptiens, il promit l'ouvrage qui est le sujet de nos observations. Par un *prospectus* mis en tête de sa *première lettre*, faisant parler l'éditeur, il laissait déjà entrevoir cette masse de corrections et augmentations aux découvertes de feu Champollion que nous voyons maintenant produites dans le présent ouvrage. Et à la vérité il était déjà sûr de son fait, car toutes ses corrections et découvertes ne lui avaient couté que la peine de les copier dans les papiers de Champollion, ou de se rappeler ce qu'il avait entendu dire de sa bouche : car le savant français avait l'habitude, comme le savent tous ceux qui l'ont approché, de ne noter qu'a l'occasion les choses qu'il découvrait dans ses études quotidiennes ; habitude à laquelle il se livra encore plus après son retour d'Egypte. Depuis cette époque il écrivait très peu, et gardant dans sa mémoire les nouvelles observations faites en parcourant ses matériaux, il en faisait part aux personnes avec lesquelles il avait occasion de parler de cette matière. Nous tenons ce fait de plusieurs amis de Champollion, nous en avons été témoins nous-même, et plusieurs preuves nous en ont été fournies par son intéressante correspondance avec M. Rosellini.

Par la relation des faits que nous venons de rapporter, chacun pourra comprendre avec quelle conscience l'auteur a pu avancer, que les explications données jusqu'ici par le professeur de Pise sont « très souvent dues à l'hié-« rogrammate français » mais ce qui achève de peindre son caractère, c'est l'assertion fausse et calomnieuse, que M. Rosellini supprime le nom de Champollion tout en publiant les explications appartenant à ce dernier. Il ajoute qu'il fait cette observation, parce qu'on pourrait croire (notez la maladresse !) qu'il en est de même de lui par rapport au rapprochement de la préposition ERO

4.

avec E, qu'il publie comme lui appartenant (1). Et nous avons justement démontré, que ce rapprochement ne lui appartient pas plus que toutes ses autres prétendues découvertes !!

Quant à la calomnie contre M. Rosellini, nous n'avons pas besoin de la combattre. Tous ses ouvrages parlent assez clairement et proclament hautement sa délicatesse et son zèle pour la gloire de son savant maître, ami et compagnon d'études. Nous rappelerons particulièrement au souvenir du public son *tribut de reconnaissance et d'affection*, qu'il publia immédiatement après la mort de Champollion (2); et l'*Introduction* de son premier volume des *Monumenti storici*, page XIX. Dans ces écrits, comme en plusieurs endroits de son grand ouvrage, chaque fois que la moindre occasion s'en présente, le savant toscan fait des protestations envers son maître et ami, non moins honorables que généreuses. Il va jusqu'à se dépouiller de l'honneur de ses propres découvertes les plus incontestables, *pour en accroître la gloire de ce grand homme, qui en est la véritable et première source.* Ce langage, loin de ressembler à ces phrases hypocrites par lesquelles on s'efforce de cacher le plagiat, et qui laissent néanmoins entrevoir la crainte d'être démasqué, est la conséquence naturelle des nobles sentiments qui sont habituels au savant toscan, et qui, par sympathie de caractère, engendrèrent cette longue et sincère affection mutuelle entre lui et Champollion. C'est justement en considération de cette circonstance que nous nous sommes décidés à faire ce long commentaire à la note de notre auteur. Plusieurs personnes qui ne sont pas au courant, en lisant ses paroles écrites

---

(1) *Voir* la fin de la note de l'auteur citée plus haut.

(2) *Tributo di riconoscenza e di amore reso all' onorata memoria di Champollion il minore da Ippolito Rosellini*, Pisa, 1832.

avec une assurance aussi étonnante, en auraient pu être
trompées. Car il est bien sûr que le professeur de Pise ne
se donnera aucune peine pour combattre les attaques de
notre auteur. Nous lui avons entendu répéter qu'il était
convaincu que les fausses assertions d'un pareil écrivain
ne pouvait nullement l'atteindre ; que, quant à la question littéraire et de propriété, il n'avait rien à dire, ses
ouvrages et ceux des autres étant en possession du public
qui devait en juger. Et nous savons pourtant, comme le
savent plusieurs personnes qui en ont eu aussi connaissance et qui en ont causé avec nous, qu'il est dans le
pouvoir de M. Rosellini de donner sur bien des points en
question des preuves péremptoires. Du reste, la marche
sûre et franche suivie par le professeur toscan dans son
grand ouvrage, sa méthode, son jugement modeste à la
fois et indépendant, la facilité et la clarté avec laquelle
il répand la plus brillante lumière, soit sur l'ancienne
histoire de l'Egypte, soit sur le déchiffrement des écritures
hiéroglyphiques, sans embarrasser le lecteur par des
citations et des digressions inutiles, sont des qualités
propres uniquement à un écrivain qui par de longues et
laborieuses études a profondément sondé la matière qu'il
traite ; qui a longuement marché avec ses propres forces
dans la carrière qu'il parcourt ; qui possède les connais-
sances nécessaires à de pareils travaux ; qui a enfin une
parfaite connaissance des lieux et des monuments que
lui-même a visités et étudiés, en recueillant avec de
grandes peines et de grands périls les matériaux de son
travail : ce qui est bien autre chose que copier dans un
cabinet, ou prendre dans les livres les travaux et les
découvertes des autres.

Nous terminerons ce commentaire par le récit d'un
fait dont sont témoins non seulement tous les élèves de
M. Rosellini, mais aussi plusieurs savants distingués de
différents pays, qui par amour de la science égyptienne

s'étant rendus à Pise, ont été admis à examiner et étudier les immenses matériaux renfermés dans le cabinet de ce professeur, ouvert généreusement comme l'était autrefois celui de Champollion, à tous ceux qui veulent en profiter. Parmi les papiers tous disposés en ordre, qui contiennent les copies, les notes, les mémoires et articles rédigés, se trouvent plusieurs travaux ou esquisses de Champollion, faits à différentes époques, que M. Rosellini avait copiés ou dans le commencement de ses études ou après, comme moyens de se trouver d'accord dans la collaboration au grand ouvrage. Il était convenu après le voyage et l'arrangement de cette publication, qu'ils se seraient mutuellement communiqué les différentes parties de leurs travaux en manuscrit. Or, tous ceux que M. Rosellini possède appartenant à Champollion, sont tous religieusement écrits à son nom. Il les a communiqués à quelques-uns de ses élèves et à quelques savants qui ont désiré les avoir, et toujours comme travaux de Champollion. Même un certain nombre de petites cartes sur lesquelles le savant français avait dans le temps commencé un essai de dictionnaire hiéroglyphique, se trouvent copiées dans le *Dictionnaire* déjà très étendu de M. Rosellini avec une indication distincte de son premier auteur. Nous citons des faits qui ont des témoins en Italie, en Angleterre et en Allemagne, où l'on trouve des savants qui, pour leurs propres études, ont obtenu de M. Rosellini la copie de ces travaux et de plusieurs autres qui lui appartiennent. Nous mêmes, qui avons pu les examiner à notre aise, nous avons tiré de ces documents les preuves les plus éclatantes des plagiats faits par notre auteur. C'est un grand malheur pour lui que l'existence de ces papiers surtout en différentes copies ; car il parait qu'il a compté qu'on n'aurait pas fait de cas des originaux conservés à Paris, si toutefois il n'est arrivé à d'autres de plus ancienne date, le même accident qui nous a privés du dernier travail de Champollion sur l'*année astronomique Égyptienne*.

A la page 140, en parlant de l'article possessif, qui dans les hiéroglyphes s'écrit d'ordinaire après le mot, tandis qu'en copte il se place avant, M. Salvolini se fait franchement auteur de l'observation que le déplacement et l'abréviation de ce pronom « n'est vraiment que dans « l'écriture et non pas dans la langue elle-même. » Et il nous rappelle avoir *démontré* ailleurs (1) que l'écriture sacrée des égyptiens, semble avoir d'abord exprimé l'idée principale, et les accessoires ensuite. C'est encore une correction qu'il prétend faire à *son illustre maître*, en lui appliquant une inexactitude fausse, ou apparente ; car les personnes les moins instruites du système graphique des égyptiens, connaissent ce principe, ou règle d'écriture, que Champollion a enseigné, répété, et imprimé cent fois, non seulement dans sa *Grammaire*, mais aussi dans ses ouvrages précédents. Nous nous contentons de citer le fait, il est très facile de le vérifier.

L'auteur a l'habitude de prêter à Champollion des idées différentes de celles qu'il a énoncées, et presque toujours inexactes. Il en agit ainsi pour faire remarquer l'inexactitude de *son illustre maître*, et pour se donner la gloire de le corriger par ses observations nouvelles. Il y a dans l'ouvrage que nous examinons une foule d'exemples de cette méthode, pratiquée avec un mauvaise foi inconcevable. Nous en citerons entre autres un tiré des pages 148 et suivantes, où l'auteur, en parlant des caractères *déterminatifs*, dont on fait un si grand usage dans l'an-

____

(1) Dans ses *Lettres sur les expressions qui servent à la notation des dates sur les monuments de l'ancienne Égypte*, par lesquelles l'auteur fit son début peu de temps après la mort de Champollion, comme nous l'avons dit plus haut.

cienne écriture égyptienne, dit que, d'après Champollion,
« un déterminatif n'est qu'une espèce de *note* qui sert
« à la fois à indiquer l'*acception* du mot et sa *pronon-
« ciation* »; et il démontre ensuite l'*inexactitude* de ce
principe prêté au savant français, et en fait la *correction*.
D'après ses *nouvelles* observations, les caractères déterminatifs, tout en admettant qu'ils fussent employés pour
contribuer à la clarté des textes, furent mis en usage par
les égyptiens, parceque « par attachement à leur plus
« antique méthode graphique (primitivement *idéogra-
« phique*), se plurent à exprimer des idées par la com-
« binaison de deux genres d'expression, l'ancien (l'*idéo-
« graphique*) et le nouveau (le *phonétique*) : pour eux
« cette étrange manière de représenter une idée, n'était
« au fond qu'une reproduction simultanée des procédés
« fondamentaux de leur écriture, l'*imitation directe* et
« l'*imitation indirecte*. Les *signes phonétiques* représèntent
« *indirectement* le mot signe de l'idée, et le signe *idéogra-
« phique* peint *directement* l'objet même de l'idée ex-
« primée par le mot auquel ce signe se trouve lié. » Qui
pourrait croire que cette observation que l'auteur s'attribue, et qu'il débite comme une *correction* aux *inexac-
titudes* de *son illustre maître*, est tout entièrement de
Champollion, et que notre maladroit écrivain n'y a mis
du sien que l'irréligion de dénaturer les idées du savant
français, et l'effronterie de vouloir le corriger avec les
observations mêmes qui lui appartiennent! Nous citons mot
à mot les paroles de Champollion dans sa *Grammaire*,
son dernier ouvrage, et dans la partie même qui était
publiée *longtemps avant* le livre de notre auteur. C'est à
la page 78, art. 88. « Les nombreux exemples de noms
« communs déterminés figurativement, cités dans ce
« paragraphe, mettent assez en évidence le fait impor-
« tant que les égyptiens, *soit dans l'intérêt de la clarté*
« *des textes, soit par pur attachement à la plus antique*

« *forme de leur écriture (dont les premiers caractères*
« *furent des signes figuratifs), aimaient à exprimer*
« *certaines idées par la combinaison de deux espèces de*
« *signes de nature diverse, employées simultanément :*
« *les uns, les signes phonétiques, représentaient indirec-*
« *tement le* mot *signe de l'idée, et les autres, les carac-*
« *tères figuratifs, peignaient directement l'objet même de*
« *l'idée exprimée par le mot auquel ils se trouvaient*
« *unis comme éléments nécessaires.* »

L'auteur non content de cela, et d'avoir rapporté des exemples que la *comparaison des textes lui a offert,* mais que nous pourrions prouver qu'il a tout bonnement copiés des papiers de Champollion, ajoute (page 150) « si
« l'on s'en tient aux règles que feu Champollion a cherché
« à établir dans sa *Grammaire hiéroglyphique,* relative-
« ment à l'emploi des signes déterminatifs, ces signes ne
« se rencontrent absolument qu'à la suite des noms ou
« des verbes exprimés *phonétiquement;* mais je crains que
« cette assertion ne soit qu'une déduction tout simple-
« ment tirée de l'opinion, qu'il admettait *à priori,* que
« l'usage des déterminatifs n'avait d'autre but que celui
« d'indiquer la *prononciation* des mots. » Et ici avec un étalage d'exemple tirés *de l'examen comparatif* qu'il a fait *des textes de toute époque,* il corrige encore cette *inexactitude de son illustre maître,* et il nous apprend que « contre son assertion, les noms ou verbes idéogra-
« phiques eux-mêmes peuvent recevoir à leur suite les
« mêmes déterminatifs dont on fait usage ordinairement
« pour les noms ou verbes exprimés phonétiquement. » Mais son allégation est fausse, ce qu'il attribue à Champol- lion, et l'observation qu'il s'approprie appartiennent entiè- rement au savant français. D'abord c'est une conséquence naturelle de ce que nous venons de dire sur les raisons de l'emploi des signes figuratifs : mais en outre Champollion nous l'a appris dans plusieurs endroits de sa *Grammaire*

Egyptienne. A la page 83, en parlant du déterminatif des noms des quadrupèdes, il dit qu'il se joint aussi *à des caractères purement* figuratifs. A la page 89, à propos du déterminatif générique des plantes, il écrit : « Ce même « déterminatif générique se joint parfois au caractère « figuratif, même dans les textes hiératiques. » Lorsqu'il parle, à la page 91, du déterminatif des membres, il nous apprend que ce signe « devient le déterminatif générique « obligé des noms soit phonétiques, soit figuratifs, soit « même symboliques de tous les membres du corps de « l'homme, etc. » Enfin sans ajouter d'autres citations, il suffit de dire que c'est un principe établi dans la *Grammaire* de Champollion, et confirmé par beaucoup d'exemples, que les signes déterminatifs se joignent aussi bien aux mots phonétiques qu'aux caractères idéographiques.

C'est de la même manière que notre auteur suit ce système de mauvaise foi, même dans les choses les plus minutieuses, comme l'explication occasionelle d'un mot qu'il s'approprie franchement, et qui pourtant ne lui appartient pas du tout. Nous pourrions en citer des dixaines : par exemple à la page 152, il cite une partie d'inscription d'un mur de Karnac dont les fragments se conservent au Louvre, et il dit, « je la traduis par *pierres « précieuses, onze mille six cent quatre-vingt-cinq* (1) ». Eh bien, ce n'est pas du tout lui qui l'a traduit, mais Champollion, dès le moment qu'il vît en Italie avec M. Rosellini ce monument, avant qu'il fut transporté à Paris, il en fit alors un extrait, dont nous avons vu la copie chez le professeur de Pise, et d'où notre auteur a copié cette explication en rendant seulement positif le mot *onces,* que Champollion avait noté comme douteux, et purement conjectural.

---

(1) Il a écrit *Cinq* dans la traduction, et dans sa planche il y a *six :* en effet l'original porte *cinq.*

A la page 155, l'auteur, ayant occasion de parler du mot égyptien ÔNE *pierre*, et de son orthographe hiéroglyphique, se plait à faire remarquer une faute de M. Rosellini dans son premier volume des *Monumenti storici*, page 195. Il lui reproche d'avoir lu ÔNE RÔSCH, et d'avoir traduit *pierre dure* (*pietra forte*) ce qu'il aurait dû lire simplement ÔNER pour le copte ÔNE, *pierre*. Et voulant faire croire que M. Rosellini n'a fait que copier ici une ancienne faute de Champollion, il cite un article d'un essai inédit de dictionnaire (1) fait par ce savant, où ce mot se trouve tiré d'une inscription du roi Nectanebo à Philé. Il se trompe encore ici : cet article appartient à M. Rosellini, et il est de ceux qu'il rédigeait en Egypte dans le but de préparer son dictionnaire. Nous avons pu nous en assurer dans sa grande collection de petites cartes, où chaque mot se trouve noté, et où les articles appartenant à Champollion y sont religieusement distincts, comme nous l'avons dit plus haut. On reconnait même, par la diversité du papier et de l'encre, que cet article, comme tant d'autres, a été écrit en Egypte. Il est certain par une foule d'exemples que les textes hiéroglyphiques écrivent ONER le mot rendu par les coptes ÔNE, *pierre*. Mais dans le cas en question il ne s'agit pas de cela : l'inscription de Nectanebo à Philé porte les lettres ONR SCH (2); c'est à dire qu'au lieu du *parallélogamme strié* (3) qui suit d'ordinaire le mot ONER, comme déterminatif de la *pierre*, on y trouve le *parallélogramme avec deux barres au milieu*, qui représente la lettre *sch*. Le cas est singulier, mais c'est ainsi dans l'original; et nous en avons eu la preuve dans le

---

(1) Ce sont les petites cartes sur lesquelles Champollion avait commencé à écrire en ordre les mots hiéroglyphiques, dont nous avons déjà parlé plusieurs fois.

(2) *Voir* le n° 25 de notre planche.

(3) *Voir* le n° 28.

cahier où M. Rosellini a copié ce monument de Philé, et où il a noté d'abord le doute, et ensuite arrêté la véritable forme du *sch*. C'est à cause de cette singularité que Champollion en prit note dans son essai de dictionnaire, où notre auteur en a eu connaissance. En général, comme il a pillé le cabinet du savant français, il a par conséquent profité aussi de beaucoup de choses qui appartiennent à M. Rosellini, et qui se trouvaient naturellement dans les papiers de Champollion, par la longue collaboration de ces deux savants sur le même sujet.

Quant à la traduction que M. Rosellini a faite du mot en question, il n'y a point de doute que du moment qu'on lit sur l'orginal ONERSCH au lieu de ONER, elle est exacte. Quoi qu'on puisse supposer qu'il y a ici erreur de la part du scribe, ou du sculpteur, M. Rosellini jugea plus prudent, au lieu de faire cette supposition, de lire ÔNE RÔSCH, *pierre forte*, *pierre de taille*, *pierre à construction*, ce qui convient parfaitement à l'orthographe du groupe, et à l'expression de l'idée. D'autant plus, et c'est une circonstance très remarquable, que le même signe n° 28, qui sert à déterminer le mot *pierre*, est aussi toujours employé dans les textes comme déterminatif du mot TOBI, *brique*. Si cela est une erreur, nous souhaitons à notre auteur que, dans toutes les découvertes qu'il pourrait faire, il y ait autant de mérite.

De la page 154 à la page 170 l'auteur passe en revue les mots ou caractères qu'il croit être dans l'écriture hiéroglyphique tout simplement *explétifs* ou *disjonctifs*. D'après lui il y aurait dans l'ancienne écriture égyptienne *vingt et un*, soit caractères ou groupes, qui n'ont aucune signification essentielle ; et il se plaint de ce que la *Grammaire* de Champollion soit incomplète à ce sujet, et qu'on n'y trouve pas le *chapitre des signes explétifs, l'un des plus importants !* Mais que le lecteur ne fasse pas ce reproche à Champollion, et qu'il ne prenne pas une mauvaise idée de l'écriture hiéroglyphique pour avoir admis un si grand nombre de signes et de mots qui n'ont aucune valeur; nous sommes d'avis que notre auteur s'est tout-à-fait trompé en faisant sa liste de *signes explétifs*. Les exemples par lesquels il s'efforce de le prouver démontrent, selon nous, tout le contraire, chacun de ces signes ou groupes ayant une valeur déterminée, soit pour indiquer un accident de prononciation, soit pour déterminer la nature du mot auquel il se joignait. Nous n'entrerons pas dans la discussion de chaque signe ; cela nous menerait trop loin : il nous suffit pour le moment d'avoir annoncé un fait qui aura dans le progrès de ces études une demonstration complète. Toutefois nous devons ajouter quelques arguments en preuve de ce que nous affirmons, surtout relativement aux signes qui sont le plus fréquemment employés.

Le signe n° 29 de notre planche, *un rouleau de papyrus*, est pour notre auteur un *disjonctif*. Il n'a pas réfléchi qu'il est souvent employé dans des endroits où la disjonction n'est ni nécessaire ni opportune. Nous nous bornerons à signaler les cas fréquents dans lesquels on le trouve à la fin d'un mot qui est le dernier d'une inscription, ou bien qui est seul et isolé : dans ce cas il n'y a certainement rien à séparer. Sur l'emploi de ce signe nous avons pu recueillir dans le *Dictionnaire* de M. Rosellini des renseignements qui nous ont paru dignes d'attention, et que nous allons indiquer en peu de mots. Il fait remarquer que ce caractère est un *déterminatif* du mot SKHÉ exprimant l'idée *écrire* : on le rencontre assez souvent réuni aux *instruments de l'écriture*, qui d'ordinaire déterminent ou signifient cette idée. Il observe aussi que le *rouleau de papyrus* ne se place qu'après des mots écrits *phonétiquement*, soit par la seule initiale, soit par tous leurs éléments (1). De là, par une foule d'exemples aussi

____

(1) Notre auteur, dans la ligne deuxième du texte hiéroglyphique de Ro-

évidents que curieux, il nous conduit à la conclusion
que ce signe, le *rouleau de papyrus*, servait à indiquer
que le mot auquel il se joignait était *proprement écrit*,
c'est à dire, écrit *phonétiquement*. De la même manière
les caractères d'une autre nature, les *idéographiques*,
ont leur note particulière qui les détermine : c'est le
segment de sphère T, ou seul ou plus fréquemment avec
une *petite ligne* (1). Ce signe est, d'après M. Rosellini,
l'initiale du mot TOUÔT, *image* : ainsi les groupes écrits
phonétiquement étaient notés comme *mots* phonétiques,
et les caractères figuratifs ou symboliques, venaient
qualifiés comme signes *images*, ou caractères *idéographiques*. Il arrivait quelquefois qu'après un mot phonétiquement écrit, qui admettait un déterminatif idéographique, on n'écrivait pas ce déterminatif, et on mettait à la
place la note des signes idéographiques : on indiquait par
là qu'il fallait ici un caractère non phonétique, le *déterminatif* de l'idée. Cela se trouve spécialement dans le
texte du *Rituel funéraire*, où le sens du mot ne pouvait
pas être douteux. Quelquefois on emploie la syllabe TOU
(n° 33 de notre pl.), qui joue le même rôle que le T pré-
cité, et qui est aussi, dit M. Rosellini, une abréviation du
mot TOUÔT, *image*. Tout cela n'est pour notre auteur que
des signes *disjonctifs*, ou *explétifs*; et nous avons observé

---

sette (qui est la cinquième de l'original) regarde comme *symbolique* le groupe
n° 3o de notre planche, qui est pourtant accompagné du *rouleau de papyrus*
(page 236). Dans les notes de M. Rosellini sur le texte de Rosette, ce même
groupe est considéré comme phonétique, ainsi que le démontre le *vase*, signe
de la lettre N, qui est au milieu des *deux bras penchants* : notre auteur le
prend pour un caractère *déterminatif!!* Le savant toscan lit ce groupe, *hon
(nofre)*, *cumulus, plenitudo bonorum* (le caractère NOFRE, *bonum*, suit
immédiatement dans l'original) : ou bien HE-AN-NOUFI, répondant au
copte HENOUFI, *abundantia, ubertas*. Cette idée répond à l'expression du
texte grec, ligne 36, αγατη, τυχη.
    Voir notre planche n°ˢ 3ı et 3ɔ.

qu'il avait pourtant sous les yeux plusieurs des mêmes exemples qui sont cités par M. Rosellini, et malgré cela, comme il a voulu marcher tout seul, et traiter une matière dont Champollion n'a pas parlé, il ne voit là que des *signes sans aucune signification* (1).

Mais l'auteur n'est pas non plus toujours sûr de son opinion dans le long exposé de sa théorie sur les signes *explétifs* : l'incertitude de ses applications, et même des contradictions manifestes en sont la preuve. Par exemple à la page 159 il avait bien établi que le mot POU, POUI signifie *saint, vénérable, respectable*, etc. : cette signification accordée à ce mot (laquelle avait été du reste déjà reconnue par Champollion) lui est nécessaire pour prouver le sens d'un autre signe qui quelquefois remplace le mot en question POU. Or, ce même mot à la page 166 n'a plus la signification de *saint, respectable*, etc., mais il devient un simple *explétif*, quoique les exemples qu'il apporte démontrent tout le contraire. Enfin à la page 169 notre mot *pou*, en troisième métamorphose, signifie le pronom *lui !!*

Quelques pages après (177) l'auteur, tout en avouant que c'est Champollion qui lui a appris la signification *relative* ou *transitive* de la lettre S, lorsqu'elle est préfixe à un verbe (2), veut nous faire croire que le savant français ignorait l'existence de ce même fait dans la langue copte. Pour suppléer à ce défaut « je me suis attaché de mon côté « (nous dit-il) à approfondir davantage l'examen de ce « fait important; j'espère être parvenu à l'établir d'une

---

(1) Nous n'avons fait que donner ici un simple indice de l'opinion de M. Rosellini sur la valeur de ces caractères. Les observations et surtout l'ensemble des exemples qu'il a réunis pour la confirmer, nous paraissent la démontrer d'une manière incontestable.

(2) Cela se trouve établi dans la *Grammaire Égyptienne*.

« manière incontestable par la découverte que je crois
« avoir faite de sa coexistence dans le copte. » Et ici il
nous fait savoir que le mot hiéroglyphique SMEN (1),
rendre stable, manere facere, n'est pas autre chose que
le mot MEN, *manere, établir* (2), avec l'addition de l'S
préformative; et que dans les mots coptes MEN et SEMEN
on retrouve également la même composition et le même
sens. Il ajoute quelques autres exemples de formations
analogues.

Ici nous croyons devoir dire, que nous avons la certitude que feu Champollion connaissait parfaitement ce
fait de la coexistence dans le copte de la lettre S *transitive*,
comme on l'emploie dans les hiéroglyphes. Nous en avons
d'abord entendu le développement dans un cours public
de M. Rosellini. Ensuite nous avons vu, dans les notes
que ce savant a prises en Égypte pour servir au *Dictionnaire hiéroglyphique*, ce même fait démontré par beaucoup d'exemples d'anciens mots égyptiens, mais en comparaison avec les mots coptes correspondants, soit dans
leurs racines primitives, soit dans les dérivés composés
par l'addition de l'S *transitive*. Ce fait, qui d'ailleurs ne
peut pas rester inconnu à ceux qui font la moindre comparaison entre les mots hiéroglyphiques et les mots coptes,
était déjà depuis longtemps à la connaissance des deux
savants voyageurs; et M. Rosellini nous disait qu'il ne pouvait pas se persuader comment Champollion n'en aurait
donné aucun indice dans sa *Grammaire*; mais qu'il était
pourtant convaincu qu'on en trouverait quelque mention
au moins dans les deux parties de l'ouvrage cité qui n'ont
pas encore parues.

Or, comme il est certain que Champollion avait connaissance du fait en question, il est presque impossible qu'il

----

(1) N° 34 de notre planche.
(2). N° 35.

ne l'ait pas signalé à notre auteur en lui faisant connaître
la valeur *transitive* de l'S dans les groupes hiéroglyphiques,
comme lui-même l'avoue. Et d'après l'authenticité que
nous venons de montrer de presque toutes ses prétendues
découvertes, il est assez facile de prononcer sur celle-ci un
jugement motivé. Mais il y a encore plus : M. Rosellini à la
page 275 de son deuxième volume des *Monumenti storici*,
publié en 1833, à propos d'un mot composé avec l'S *transitive*, dit formellement : *la lettre* S *qui précède est un préfixe
égyptien conservé aussi dans les textes coptes, qui sert à
donner une valeur* transitive *au mot devant lequel il est
placé*, suivant les exemples. Et il n'est pas permis de
douter que notre auteur n'ait connu ce passage du professeur toscan, car il fait une critique à cette même page des
Monumenti storici, comme nous allons le voir. Il est donc
évident qu'il n'avait pas besoin d'*approfondir davantage
l'examen de ce fait important* pour faire la découverte,
ou disons mieux, la remarque que d'autres avaient déjà
faite bien avant lui, et dont il avait eu pleine connaissance.

C'est donc à cet endroit (page 179, note 1) que l'auteur
corrige encore une faute de M. Rosellini à la page ci-dessus
citée de son second volume des *Monumenti storici*, où le professeur de Pise, en citant un groupe de la ligne sixième (1)
du texte hiéroglyphique de la pierre de Rosette, qui se lit
SKA (2), et qui signifie *faire ériger*, fait la remarque que

---

(1) Pour notre auteur, c'est la ligne troisième ; car il a sauté, comme nous
l'avons dit plus haut, les trois premières lignes de ce texte.

(2) M. Rosellini qui cultive avec ardeur et conscience les études égyptiennes,
auxquelles il fait faire tous les jours de notables progrès, ne connaissait pas à
cette époque (en 1833) la véritable prononciation de ce groupe. Ses recherches
la lui démontrèrent l'année suivante ; ainsi on la trouve plusieurs fois dans le
volume qui parut à cette époque et dans ceux qui l'ont suivi. Il n'est pas improbable que notre auteur en ait profité.

la lettre S *transitive* est placée après le caractère principal
K, qui, même seul , exprime quelquefois par abréviation
le mot KA *ériger*. En effet dans cet endroit de la pierre de
Rosette la S se trouve déplacée (1). M. Rosellini explique
cette transposition, singulière dans ce cas , par cette règle
constante de l'orthographe hiéroglyphique, par laquelle
on plaçait en première ligne le caractère exprimant l'idée
principale , et on mettait après les signes qui servaient à
la modifier. Mais notre auteur, avec sa bonne foi ordinaire,
fait dire à M. Rosellini que cette S pouvait être placée en
affixe; ce qui est bien différent de ce que le professeur
toscan a écrit. Du reste l'auteur lui-même ne pouvant pas
nier que la lettre S se trouve, dans l'endroit en question,
placée après le caractère exprimant l'idée principale,
attribue ce déplacement « à l'artiste chargé de sculpter
« le texte hiéroglyphique de l'inscription, qui ne fit pas
« attention aux proportions nécessaires à donner à chacun
« des caractères qui font partie du groupe. » L'auteur ne
connaissant pas les monuments égyptiens ni les moyens
qu'on employait pour leur décoration, s'est imaginé
que les sculpteurs se mettaient à graver sur pierre les
inscriptions sans aucune trace préalable' de dessin, qui
guidât le ciseau! Il aurait pu voir ensuite, dans la ligne trei-
zième de la même inscription de Rosette, que ce groupe est
régulièrement écrit avec l'S *ligne recourbée* (2), qui de sa
nature ne pouvait être placée qu'en préfixe. Et si dans l'autre
endroit de la ligne sixième le sculpteur, en employant
un autre homophône de la lettre S, a violé les lois de
proportion, pourquoi n'aurait-il pas fait usage de la
ligne recourbée, comme il fît plus bas, afin d'éviter un
déplacement de caractères ?

---

(1) *Voir* notre planche N° 36.
(2) *Voir* N° 37 de la planche.

C'est à la page 198 que notre auteur entre en discussion sur le caractère n° 38 la *hache*, employé d'ordinaire à exprimer l'idée *dieu*, *divin*. Ici rappelant, comme par incident, le mot *Amonrasónter* par lequel les Grecs ont transcrit l'appellation habituelle de la divinité principale de Thèbes, il persiste à le traduire *Amon-ra créateur des dieux*, comme il avait déjà fait dans sa brochure intitulée *Campagne de Ramsès le Grand*, dont nous avons parlé plus haut. Cela est en opposition avec le véritable sens de cette appellation, qui est *Amon-ré roi des dieux*, sens qui fut complétement démontré par M. Rosellini dans sa *Lettera filologico-critica* à M. Peyron, ouvrage qui aurait pu et dû servir de modèle à notre auteur, pour la manière dont ces études doivent être traitées. Il n'y a certainement pas dans la nouvelle science hiéroglyphique, une chose plus incontestablement prouvée que le sens de cette appellation, comme M. Rosellini l'a traduit. Il ne faut pas en citer d'autres preuves que celle-ci : *Amon-ré roi des dieux* est écrit devant le dieu Amon sur la stèle même qui porte en lettres grecques la transcription Αμονρασωνθηρ (1). Par conséquent l'explication de ce titre nous est donnée par un texte bilingue, explication, qui est d'ailleurs, parfaitement reconnue par l'analyse des caractères et des mots qui composent cette appellation. Or, si l'on admettait la traduction *créateur*, donnée par notre auteur, il s'en suivrait nécessairement que tous les Pharaons porteraient sur le cartouche qui renferme leurs titres, celui de *créateur !!* car le groupe qu'on y place constamment, et celui qui se trouve dans l'*Amonrasónter* de la stèle de Turin, sont identiques!

---

(1) Voir *Illustraz. di una stela greca del R. Museo Egizio di Torino di Amedeo Peyron.* Mem. della R. acad. delle Scienze di Torino, t. XXXIV, pag. 1. Voir aussi, *Lettera filologico-critica del prof. Ipp. Rosellini al chiaris. sig. prof. Amedeo Peyron.* Pisa, 1831.

Et pourtant le sens du mot *souten* que ce groupe exprime, démontré aussi par plusieurs traductions grecques anciennes, n'est autre que celui de *recteur, roi*. Malgré cela, l'auteur revient encore à la page 245 avec son *Amon, créateur des dieux*, titre qu'on n'était pas accoutumé de donner à cette divinité, et qui ne rentre pas du tout dans le système de la théogonie égyptienne. Et il se sert de cette interprétation fautive de l'Αμουρασωνθηρ, pour prouver que le mot écrit dans les hiéroglyphes SÒNT, *sauver, venger*, signifie aussi *créer !*

Mais ce n'est pas tout. L'auteur continue sa discussion sur la véritable prononciation du caractère n° 58 la *hache*. Champollion, dans sa *Grammaire*, le donne pour N, lettre initiale du mot NTER, *dieu*. Nous avons vu un long article de lettre dans la correspondance de ce savant avec M. Rosellini, par lequel il est prouvé que cette observation appartient à ce dernier ; mais quoiqu'il en soit, l'auteur qui nie cette valeur du caractère la *hache*, dissimule la preuve principale que M. Rosellini lui-même en donna dans le temps (1). Elle consiste dans le groupe n° 59 de notre planche, placée sur un cartouche de reine, appelée *déesse* ou *divine*. Dans ce groupe, il faut nécessairement reconnaître la valeur N du premier caractère la *hache*, et lire le mot entier NT. T avec la marque du féminin, ce qui nous donne, en y ajoutant les voyelles, comme de coutume, le mot copte TINOUTI *déesse*. On trouve beaucoup d'exemples de ce groupe sur les cartouches des reines, et surtout devant les noms des princesses *pallades*, qui portaient de droit le titre de *déesses*, comme M. Rosellini l'a plusieurs fois démontré dans son premier et son second volume des *Monumenti Storici*. On l'écrit aussi comme au n° 40, NTER. T (TINOUTER), ou NTER (NOUTER) n° 41, selon que le mot

____

(1) Dans le vol. II des *Monumenti storici*, publié en 1833, page 138.

est au masculin ou au féminin, avec la lettre R, qui a été perdue dans le mot copte NOUTE, comme nous le dirons tout à l'heure. Les exemples par lesquels l'auteur prétend démontrer le contraire, ne prouvent rien après l'évidence de ceux que nous venons de citer.

Il rappelle pour preuve de son opinion le groupe exprimant l'idée *déesse*, écrit par l'ureus suivie du mot TERI (no 42 de notre planche). Dans ce cas, dit-il, le caractère *serpent* qui, comme signe phonétique, représente le *k*, ne peut pas se lire pour N ; ainsi reste le seul mot TERI, précédé de l'ureus, symbole de *déesse*, comme dans les autres cas la *hache* n'est qu'un symbole de la même idée.

Mais nous disons qu'il faut expliquer ce groupe d'après l'évidente démonstration de ceux qui exigent nécessairement la prononciation NOUTE ou NTER. L'ureus qui sert à exprimer l'idée *déesse*, n'est pourtant ici que comme le remplaçant de la *hache* au féminin : c'est une liberté que l'hiérogrammate pouvait prendre, d'autant plus que l'ureus dans ce cas, même si elle était isolée, devrait se prononcer NOUTI : ainsi, elle acquiert par la nature de sa signification symbolique, le pouvoir de représenter la lettre N. C'est par cette même raison que plusieurs caractères sont susceptibles d'exprimer différentes consonnes. Le mot TERI y est ajouté pour complément du mot NOU-TERI, comme s'il y avait la *hache* au lieu de l'*ureus*.

Notre auteur s'appuie aussi sur un autre exemple pour soutenir son opinion ; c'est le groupe no 43 de la planche, où la *hache* est suivie du mot tout écrit NTER : cela lui donne, à son avis, une victoire complète ; car, d'après lui, il est bien démontré par ce groupe que la *hache* n'est pas un N, mais un caractère symbolique. D'abord, en citant cet exemple, il le qualifie de *rare* : il se trompe : car il est très fréquent, surtout dans les inscriptions des tombeaux des rois. Mais sa plus grande méprise consiste en ce qu'il a cru qu'on a exprimé dans ce groupe l'appellatif ordinaire *dieu* ou *divin*. Il a d'abord oublié l'article féminin qui, dans ce cas, y est toujours noté (n° 44) ; parce qu'il faut savoir, ce que notre auteur n'a pas du tout compris, que ce groupe, employé très souvent comme nous l'avons dit, n'exprime d'aucune façon le qualificatif *dieu*, *divin*, mais il signifie le nom propre d'une déesse qui a pour emblème *l'œil symbolique* renfermé dans un encadrement ellip-tipe. On le trouve tantôt sur l'emblême, tantôt sur l'image de la déesse même, tantôt dans les textes où l'on fait mention d'elles. Il est écrit avec beaucoup de variantes d'homophò-nes, et il n'est pas rare de le trouver orthographié comme au n° 45. Cette dernière variante nous donne le nom complet de la déesse, qu'il faut nécessairement prononcer NTER-AN-NTERT, *ou* TNOUTI-AN-TNOUTI, ce qui signifierait *déesse de déesse* : la première fois, l'idée est rendue par le seul caractère la *hache*, qui même isolé exprime très souvent le mot NOUTI ; et la seconde fois, on l'a exprimé par le mot tout écrit. Sans nous mettre ici à donner des explications sur le nom mystique de cette déesse, il nous suffit d'avoir prouvé que ce groupe est destiné à exprimer toute autre chose que le simple titre ordinaire *dieu*, *divin*, et que par conséquent il n'est d'aucune force pour appuyer l'opinion de l'auteur (1).

---

(1). Même en supposant l'existence d'une variante de ce groupe qui aurait la *hache* suivie du mot NTER sans l'article féminin (variante que du reste nous n'avons rencontrée que pour exprimer le nom propre de la déesse dont nous venons de parler), cela ne constituerait pas une preuve contre la valeur N de la *hache*. Car ce caractère exprime aussi à lui seul l'idée NOUTER, *dieu*. Tel fut certainement son emploi dans l'écriture symbolique primitive. Ensuite le système phonétique trouvé, comme la *hache* était le représentant du mot NOUTER, il devint aussi dans le nouvel ordre des caractères alphabétiques le signe du premier élément de ce mot, c'est-à-dire de la lettre N. Ce même pas-sage ou changement de valeur fut subi par un grand nombre d'anciens carac-tères symboles, tout en conservant en quelque sorte leur expression idéogra-phique. Ainsi ils représentent quelquefois, même isolés, le mot entier, soit

Mais ce même exemple sur lequel il fondait l'espoir de
son triomphe, l'a jeté en même temps dans un grand embarras ; car il n'y a pas moyen, ce groupe démontre de
toute façon que la prononciation du mot qui signifie *dieu*,
souvent représenté par la seule *hache*, était NTER, et non
pas TER, comme il a voulu le prouver *totis viribus* à la
page précédente. A la vérité, pour tout homme qui marche
de bonne foi, l'embarras serait très grand ; mais nous
allons voir comment notre auteur, par ses moyens et son
habileté ordinaire, a su le franchir. «Cette nouvelle ortho-
« graphe (dit-il à la page 200) ou plutôt cette nouvelle

---

comme symboles, soit comme abréviations du mot dont ils expriment le premier élément. Notre caractère la *hache* est de ce nombre : il est le *symbole
déterminatif* de l'idée *nouter*, et il en représente la première lettre. Or, dans
la supposition que nous venons de faire, qu'on trouve la *hache* suivie du mot
NOUTER pour exprimer l'idée *dieu*, *divin*, ce caractère jouerait ici le rôle
de *déterminatif* ou de signe idéographique suivi de sa prononciation *nter*. On
pourrait opposer, il est vrai, l'inconvenance de sa place ; car tous les déterminatifs suivent et ne précèdent pas les mots. Pourtant ce serait un fait à noter
dans ce groupe, qui a d'autres exemples, quoique rares. Nous en citerons un
bien évident. Le caractère n° 46 de notre planche a dans les textes la valeur
idéographique du mot RÔT, *race*, *germen* et il représente en même temps la
lettre R en plusieurs mots. Nous nous dispensons d'en citer les exemples qui
sont incontestables, et qui sont connus de tous ceux qui ont lu l'ouvrage sur
les *Monumenti dell' Egitto*. Or on trouve assez souvent dans les textes, et
entre autres dans celui de Rosette, le groupe n° 47, exprimant la même idée
race, *germen*. Nous voyons que le caractère idéographique n° 46, signifiant
l'idée RÔT, *germen*, et représentant la lettre R, est suivi du mot phonétique
RÔT. C'est un cas tout-à-fait pareil au groupe NTER, précédé de la *hache*,
dont nous avons supposé l'existence. Il ne faudrait pas faire pour cela une
théorie tout exprès : ce sont des faits à remarquer, qui peuvent très bien n'avoir d'autre raison que le caprice des scribes : le principe est tout-à-fait le
même, il ne s'agit que d'un déplacement non ordinaire, le *déterminatif* étant
noté avant, au lieu de l'être après le mot. La même singularité nous est
offerte par le groupe n° 42, où l'*urœus* n'est qu'un remplaçant de la *hache* au
genre féminin. Nous avons tiré ces observations du *Dictionnaire hiéroglyphique*
de M. Rosellini.

« variante du mot TER ou NTER acquiert ici un second de-
« gré d'importance pour nous. On ne se serait guère douté
« qu'il existât entre le mot TER, *dieu*, et l'expression
« qu'emploient les livres coptes pour exprimer la même
« idée NOUTE, une étroite analogie ; c'est pourtant ce que
« je crois pouvoir désormais mettre hors de doute. La va-
« riante NTER peut, à la rigueur, être lue comme le mot
« copte NOUTE, en suppléant la voyelle médiale OU, or-
« dinairement supprimée dans l'écriture. » Il rend ensuite
raison de la lettre R, qui remplace l'E, ou bien qui n'est autre
chose qu'une paragoge en usage dans les mots coptes.

Si l'on croit donc notre auteur, c'est lui qui a le premier
reconnu cette *étroite analogie* entre le mot hiéroglyphique
NTER et le mot copte NOUTE. Eh bien ! cette prétendue découverte ne lui appartient pas plus que les autres ; il s'en
est habilement emparé de la page 138 du volume deuxième
des *Monumenti Storici*, publié en 1835 (1). Nous traduisons ici mot à mot les paroles de M. Rosellini. « Le groupe
« hiéroglyphique (n° 39 de notre planche) rend la pro-
« nonciation NOUTE du caractère la *hache*, lequel, comme
« je le sais par d'autres preuves, exprime la lettre N, lors-
« qu'il n'est pas employé seul comme un symbole : car je
« crois que le mot NOUTE, *dieu*, est le même mot que TER,
« qui proprement doit se prononcer NTER, comme il est
« écrit dans les hiéroglyphes (n° 41). De ce mot, par une es-
« pèce d'apocope qui est évidente en beaucoup d'autres mots
« coptes, on retrancha la lettre R, et on en fit NTE, et avec
« la voyelle médiale NOUTE.... On parlera ailleurs de cela
« avec plus d'étendue : il me suffit ici de l'avoir indiqué. »

---

(1) Cette observation fut faite par le professeur toscan, comme il résulte de
sa correspondance avec Champollion, après avoir publié la *Lettre à M. Peyron*, c'est-à-dire après l'année 1831. A cette époque, M. Rosellini était encore de l'avis du savant de Turin, que les mots TER et NOUTE n'avaient entre
eux qu'une analogie de sens.

Mais connaissait-il, notre auteur, ce passage du professeur de Pise? On n'en a rien moins que cette preuve : il avait déjà critiqué ce passage même, à la page 95 de sa *Campagne de Sésostris*, où, tout en reconnaissant que cette observation appartient à M. Rosellini, il l'appelle *erronée* et *fautive* ! en y ajoutant toutes ces phrases qui lui sont familières, et qui appartiennent beaucoup moins à la critique qu'à la suffisance. Mais à la vérité, il n'en peut pas être autrement dans un homme qui fait de la science comme nous voyons notre auteur en faire.

L'auteur (pages 205 et suiv.), à propos du septième groupe de la ligne cinquième du texte hiéroglyphique de Rosette (d'après lui, ligne deuxième), groupe qui représente le mot NASCHSCHT, et que feu Champollion et M. Rosellini ont fait connaître depuis longtemps comme exprimant l'idée *vaincre*, *victoire*, étale une doctrine de rapprochements qui ne lui appartient pas du tout, quoiqu'il se l'appropie comme à l'ordinaire. Il donne en exemple l'analyse du nom de Nectanebo, en prenant tout cela de la *Lettre* de M. Rosellini à M. Peyron, et de la page 220 et suivantes du tome second des *Monumenti Storici*. Le professeur toscan avait fait remarquer dans ce même endroit, que le *bras armé* d'une espèce de *pedum* (1) avait à lui seul le sens de NASCHSCHT, *vaincre*. L'auteur s'empare encore de cette observation, et il se l'approprie. Jamais on n'avait plus vivement représenté la fable du corbeau, qui s'était paré des plumes du paon ! Du reste, le sens *vaincre* du *bras armé* provient de l'écriture égyptienne primitive, *toute idéographique*. Ce caractère, après l'invention des signes alphabétiques, conserva d'abord son sens primitif; mais il fut en même temps employé comme déterminatif générique des mots exprimant *force* et *action*. C'est probable-

---

(1) *Voir* N° 48 de notre planche.

ment dans cette nouvelle destination , par laquelle il deve-
nait d'un usage très fréquent dans le courant des textes,
qu'il reçut par une espèce de synecdoche, la forme abrégée
qu'il a conservé dans la suite ; car sa forme primitive était
l'image d'un homme levant pour frapper avec les deux
mains le même *pedum*. On le voit, sous cette forme, employé
comme déterminatif du même mot NASCHSCHT, *vaincre*,
sur une grande stèle du Louvre portant le nom du roi *Sé-
vékóphth*. Dans le *Dictionnaire hiéroglyphique* de M. Rosellini , on voit par une foule d'exemples, cette abréviation
systématique qu'on fit subir à une grande partie des caractères idéographiques , se rapportant particulièrement à
l'image de l'homme et des animaux. Une telle abréviation
semble avoir eu pour objet principal de faire servir ces caractères de déterminatifs aux mots écrits phonétiquement.

Mais enfin nous avons la satisfaction de rencontrer à la
page 215 une correction juste et exacte que notre auteur
fait à M. Rosellini, et nous nous empressons de lui rendre
justice, comme nous avons fait jusqu'à présent, quoique
ce n'ait pas été en sa faveur. Le professeur toscan avait
traduit, à la page 245 de son volume second des *Monumenti Storici*, une inscription trouvée sur la route de
Qosseir par *Melek* (roi) *de la haute et de la basse Égypte*.
Notre auteur démontre qu'il n'est ici nullement question
d'un roi, mais du titre d'un simple individu, et qu'il faut
expliquer, *inspecteur des édifices de la haute et de la basse
Égypte*. Cette correction nous ayant parue exacte, nous
avons consulté là-dessus M. Rosellini lui-même, qui avoua
franchement sa faute, et il nous montra par une note ajou-
tée en marge d'un exemplaire de son ouvrage, qu'il l'a-
vait déjà reconnue et corrigée. N'ayant pas copié lui-même
cette inscription ; car la commission franco-toscane n'alla
pas à Qosseir ; il fut induit en erreur par différents fragments d'inscriptions de ce pays publiées non pas assez
exactement par M. Burton (*Excerpta hieroglyphica*) : et

fut encore confirmé dans sa fausse croyance par le titre MELEK (*roi*) qui, d'après notre savant Wilkinson, se trouve écrit avec différents homophônes immédiatement sur des cartouches royaux trouvés à Qosseir. Dans cette persuasion, le caractère d'un *homme qui porte un poids sur la tête*, et qui est le déterminatif constant des idées *ferre*, *porter*, et *œdificare*, *construire*, comme M. Rosellini lui-même l'a fait voir par plusieurs exemples, lui parut un déterminatif probable de là *charge royale ;* et cette même persuasion le conduisit pour un moment à accorder le même sens à ce caractère dans l'inscription de Rosette, où il fait plusieurs fois partie du groupe exprimant *le pouvoir royal, le roi.* Enfin il se trompa : et comme M. Rosellini travaille en conscience, et que ses études et ses découvertes lui ont coûté et lui coûtent bien d'autres difficultés et bien d'autres peines que de les copier sur les papiers des autres, il n'a jamais prétendu à l'infaillibilité. Il a, au contraire, bien souvent réclamé l'indulgence du lecteur sur les oublis ou les fautes qui peuvent lui échapper dans son immense travail, où l'on rencontre à chaque pas cette franchise et cette bonne foi qu'on cherche en vain dans l'ouvrage de notre auteur, et qui réellement ne peuvent pas s'y trouver.

Au reste, il paraît que son mauvais génie le porte à se mettre du côté du tort, même dans ce cas où il a réellement raison. Car il fait observer, à la page 216, que M. Rosellini admet dans une inscription égyptienne le mot MELEK, qui ne fut jamais égyptien : comme si, à l'endroit cité, le savant toscan n'avait pas fait cette observation, et n'avait pas expliqué comment ce mot *sémitique* peut se trouver dans une inscription égyptienne. L'auteur, toujours fidèle à ses habitudes, a dissimulé cette explication. Mais qu'il sache que réellement on trouve sur les bords de la mer Rouge quelques cartouches de roi, surtout de l'époque des Persans, qui portent au lieu du titre égyptien SOUTEN, *roi*, le sémitique MELEK. Qu'il se rappelle ensuite que sur le monument du roi *Schschonk* (Sésac) à Thèbes, on remarque parmi les peuples vaincus un prisonnier qui porte écrit devant lui en hiéroglyphes, IOUDAH-MELEK , *le roi*, ou *le royaume de Juda* (1).

Nous allons voir maintenant comment l'auteur nous apprend une théorie tout-à-fait nouvelle et inconnue , à ce qu'il dit, il s'agit d'établir *le principe* qu'il *prétend* (ce sont ses propres paroles) *avoir découvert dans le symbolisme* égyptien (2). D'après lui, la partie des écritures égyptiennes la plus nécessaire à connaître a été laissée intacte par Champollion. Ainsi la découverte du savant français, son admirable *Grammaire*, chéf-d'œuvre de critique, de clarté et d'abondance, les nombreuses applications et les nouvelles découvertes déjà publiées par M. Rosellini comme conséquences des principes reconnus et établis par l'illustre créateur de la science philologique égyptienne, n'auraient pu nous conduire à la connaisssance du sens de cette ancienne écriture, si cette nouvelle découverte de notre auteur n'était venue à notre secours. Heureusement que cela n'est pas vrai, comme les résultats déjà obtenus l'ont démontré assez clairement.

A l'occasion du caractère tropico-phonétique , qui est souvent employé dans les inscriptions, pour exprimer le mot ROT, *race*, *germen* (3), l'auteur expose sa théorie, renfermée dans la formule suivante (page 226). « Comme « toute image hiéroglyphique a son terme correspondant « dans la langue parlée, il en est un certain nombre qui

---

(1) Voir *Monumenti dell' Egitto e della Nubia*, Pl. M. R. N° CXLVIII, A.

(2) Page 231 : la discussion de cette prétendue découverte se trouve depuis la page 225 jusqu'à la page 234.

(3) N° 46 de nôtre planche.

« ont été prises comme signes des sons auxquels elles ré-
« pondaient, abstraction faite de leur signification primi-
« tive. Les caractères hiéroglyphiques appartenant à cette
« singulière méthode d'expression, de même que tous les
« autres signes *tropiques* qu'emploie l'écriture égyptienne,
« ont été employés soit *isolément*, soit *à la suite* des mots.»

Si l'on croyait ce que dit l'auteur, l'existence de ces caractères dans l'écriture égyptienne a été niée par Champollion : il avance à la page 225, « que l'origine de l'emploi de
«deux différents caractères tropiques de l'idée *race* ou *germe*
«(dont il se sert pour appuyer sa théorie) a été constam-
«ment désavouée par *son* illustre maître. » Or nous lui
demandons où ce désaveu de Champollion se trouve? Nous
voyons, au contraire, que l'illustre Français, sans mettre
en formule embrouillée et peu claire, un fait qui ne peut
pas être regardé comme une théorie, ainsi que nous allons
le démontrer tout à l'heure, nous prévient dans sa *Grammaire*, par de courtes et claires indications, de tout ce qui
regarde le véritable principe des caractères symboliques.
Ces indications, qui reçoivent par une foule d'exemples
cités dans le courant du même ouvrage, les éclaircissements les plus complets, comprennent *les faits* que notre
auteur veut faire croire avoir reconnus le premier, et dont
il prétend faire une théorie. Champollion nous dit d'abord
à la page 23 que les idées abstraites furent exprimées «par
« des images d'objets physiques ayant des rapports pro-
« chains ou éloignés, vrais ou supposés, avec les objets
« des *idées* qu'il s'agissait de rendre graphiquement. » A la
page 25 ; qu'on employait dans le même but « l'image d'un
« objet physique n'ayant que des rapports très cachés,
« excessivement éloignés, souvent même de pure conven-
« tion avec l'objet même de l'idée à noter. » Ce qui est dit
ici relativement à l'expression des idées ou du sens des
mots, comprend aussi les cas en petit nombre et même
assez rares, qui se rapportent au son de certains caractères

dont on a fait une espèce d'usage symbolique. Champollion ajoute, en parlant des symboles (page 48) : « On attacha, « pour ainsi dire, à chacun de ces signes, un *mot* de la « langue parlée, exprimant par le son précisément la même « idée que le caractère rappelait, soit par synecdoche, « soit par métonymie, ou au moyen d'une métaphore. » Ce moyen d'une métaphore, par laquelle on faisait servir le *mot* représenté par un *symbole* donné, à des sens et usages différents, comprend précisément le cas que notre auteur a cru *reconnaître le premier*, où un caractère est pris comm *signe de son, abstraction faite de sa significa-tion primitive.*

Mais nous allons éclaircir encore mieux cette question par un examen rapide des exemples que l'auteur donne à l'appui de sa prétendue découverte. Nous verrons que, n'ayant pas compris la véritable valeur des caractères qu'il apporte en preuve, ses exemples ne sont pas du tout ap-plicables à la question. Nous indiquerons ensuite de quelle manière il faut envisager et énoncer le fait de la double acception de quelques caractères, quant à *l'idée* et quant au *son* qu'ils représentent.

L'auteur veut prouver qu'il y a un certain nombre de caractères ou, comme il s'exprime, d'*images hiérogly-phiques* « qui ont été prises comme signes des sons aux-« quelles elles répondaient, abstraction faite de leur signi-« fication primitive. »

Son premier exemple consiste dans le caractère l'*œil*, qui était prononcé par le mot IRI, *facere* ; c'est bien : cela a été démontré dans les différents volumes de l'ouvrage de M. Rosellini d'une manière on ne peut plus évidente. Mais l'auteur n'a pas fait attention à une chose : c'est que la vé-ritable expression de l'*œil* est tout simplement d'une *voyelle*, A, E ou I. Cela est si vrai que dans tous les noms propres grecs et romains, l'*œil* ne reçoit d'autre pronon-ciation que d'une de ces trois voyelles. Voilà sa seule et propre expression primitive. Or, comment se fait-il qu'on doive le prononcer IRI, lors même qu'il est représenté isolé ? Parce que l'*œil* n'est autre chose dans les textes hiéroglyphiques qu'une abréviation du mot AA, ARE, EIRE, IRI, mots qui signifient tous également l'idée *faire*. La preuve en est fréquente dans les textes mêmes : très souvent, le mot *iri* y est écrit (et même comme variante de l'*œil isolé*) par l'œil I, la *bouche* R, et les *deux lignes* ou *feuilles* I. (1). Ainsi notre caractère est tout simplement phonétique, et comme tel, il fut presque *exclusivement* employé à la représentation du mot IRI, *faire*, soit par abréviation, comme premier élément du mot, soit en composition avec les autres lettres qui forment le mot entier. Il est même très probable que cet usage constant, que nous remarquons déjà sur les plus anciens monuments, de faire servir ce caractère à l'expression exclusive du mot IRI, *faire*, ait fait dire à l'auteur du traité d'*Isis et d'Osiris*, que l'œil en égyptien se disait IRI : car en effet c'était le mot qu'on prononçait toutes les fois qu'on rencontrait ce signe dans le courant des textes. Cela rend raison de l'opposition, en quelque sorte juste, que le savant Jablonski faisait à cette interprétation de l'*œil*, IRI, en la jugeant fausse : en effet, le mot propre qui, dans la langue égyptienne, signifie l'*œil*, est BAL. Qu'on se rappelle ensuite que l'auteur du livre d'*Isis et d'Osiris* rapporte ce mot à propos de l'interprétation du nom de ce dernier dieu, dans le nom hiéroglyphique duquel l'œil est un des caractères essentiels, et il y a, comme partout ailleurs, la valeur de IRI, et la signification de *faire*, qu'on retrouve dans l'ἀγαθοποιὸς, une des interprétations données au nom d'Osiris, dans l'ouvrage cité.

Comme on trouve l'*œil* constamment employé pour

---

(1) *Voir* Nᵒˢ 49 et 50 de notre planche.

exprimer, ou pa rabréviation ou par l'orthographe complète du mot IRI, *faccre*; de la même manière la *tige de
plante*, S, fut exclusivement employée pour exprimer, ou
seule par abbréviation, ou avec les lettres T et N, le mot
SOUTEN, *roi* : un autre homophône de l'S fut le représentant exclusif de l'idée SON, *frère*, tantôt par abréviation tantôt par le mot entier; et maints autres caractères
auxquels s'applique le même principe. Cela n'ayant pas été
connu par notre auteur, lui a fait prendre pour des symboles plusieurs caractères, qui ne sont en réalité que des
signes de sons.

Notre auteur contine à se tromper sur la valeur du
caractère l'*œil* dans les textes égyptiens. Pour prouver
son double emploi, il cite le nom d'une forme de divinité
mâle écrit ordinairement *Arihosnofre* (lisez, *Irihos-
nofre* (1)), qui signifie, *faciens cantus suaves*, ou *canere
faciens suaviter*. Ce même nom est écrit sur les monuments avec des variantes; entre autre par le n° 52, où la
première partie du nom IR, IRI, est remplacée par l'*œil*,
abréviation du même mot; ce qui nous rend complète-
ment certaine la prononciation IRI, *hosnofre*, et assure le
sens *faire* à attribuer à la première syllabe IR de l'ortho-
graple n° 51. Une autre variante (n° 53) porte, au lieu du
mot IRI, une image dont la prononciation, prouvée par
les textes, est ARI, IRI. L'auteur, pour appuyer sa prétendue découverte du double emploi de certains caractères,
veut nous faire croire que ce mot ARI, IRI dont l'image
mentionnée est le déterminatif, ne se rapporte pas à la
racine IRI, *facere*, mais au mot copte AREH, *gardien!!*
Cette idée lui est venue à cause d'une double méprise sur
la véritable prononciation du mot qui dans les textes
égyptiens exprime l'idée *gardien*; mais passant sur cela,

---

(1) *Voir* notre planche N° 51.

il nous suffit de faire remarquer que le propre sens de cette image, qu'on prononçait ARI, IRI, n'est pas du tout différent de l'expression naturelle et unique de ce mot, et qu'elle ne signifie autre chose que *faciens*. C'est avec ce même caractère qu'on a composé le titre de plusieurs reines d'égypte, NOFRE-ARI, c'est-à-dire, *bienfaisante*.

Ainsi comme l'image de l'*œil* n'est qu'un simple caractère phonétique, employé toujours à l'expression de la même idée, ce premier exemple ne peut pas s'appliquer à la question à laquelle notre auteur l'a appliqué (1).

Un second exemple que l'auteur cite à l'appui de sa *nouvelle théorie*, est le caractère n° 54 de notre planche, qu'on emploie comme déterminatif du mot SCHA, *oriri*, *nasci*, n° 55. SCHA étant le nom ordinaire de ce caractère qu'on trouve très souvent dans toutes les listes d'offrandes, quoique notre auteur le remarque comme une singularité sur un autel du musée de Leyde, il s'en sert pour preuve du double emploi dont certains caractères sont susceptibles. Nous n'y voyons à la vérité qu'un caractère symbolique

---

(1) L'*œil*, étant signe de lettre, reçut, d'après le principe des caractères phonétiques, sa valeur de voyelle, non pas de son propre nom, qui était dans la langue égyptienne *bal*, mais du mot exprimant sa faculté de *voir*, ELÔRH, EIAT, *visus*, *visio*. On pourrait voir dans le premier de ces deux mots une certaine analogie avec le verbe EIRE, IRI, *facere*, dont l'*œil* était le premier élément phonétique : mais il est trop facile de s'abandonner aux ressemblances de son pour reconnaître des analogies dans les mots. Pourtant s'il y avait moyen d'appliquer l'exemple de l'*œil* à la théorie des doubles acceptions, comme l'auteur le prétend, ceci était le seul côté par lequel on aurait pu peut être l'envisager. Mais notre auteur, malgré sa *grande familiarité* avec les textes coptes, ne s'en est pas même douté. Ce que nous venons de dire relativement au caractère l'*œil*, est tout-à-fait analogue à ce que nous avons exposé plus haut sur les deux caractères employés pour exprimer les idées *dieu* et *race* (n° 38 et 46 de notre planche). Ils servent également, lorsqu'ils sont isolés, à exprimer ces deux idées, tandis qu'ils représentent le premier élément du mot qui les exprimait dans la langue parlée.

6

admis par les égyptiens comme déterminatif du mot *naître*, par une idée que nous expliquerons tout-à-l'heure, sans y reconnaître trace de deux emplois différents, l'un indépendant de l'autre. Ce caractère représente d'après l'auteur *une cuisse de quadrupède préparée* (page 228), et il attaque ironiquement M. Rosellini, parcequ'il y a vu *une cuisse de bœuf!!* Si cette faute est un grand péché, c'est bien l'auteur qui en est le coupable. Son peu de connaissance des monuments pourrait bien être une circonstance attenuante, mais c'est sa suffisance qui le rend inexcusable. Cette *cuisse* ainsi *préparée*, est bien la cuisse d'un *bœuf*, ou d'un *veau*, ainsi que le démontrent plusieurs tableaux de vie civile et domestique, où l'on voit tailler par les bouchers les différentes parties de cet animal, et celles qu'on apporte à la cuisine pour les cuire, et qui reçoivent par les découpeurs une forme particulière. La cuisse, entre autres, est préparée comme nous la voyons dans notre caractère : l'os du fémur est découvert au milieu de la chair, qui reste suspendue des deux côtés (1). M. Rosellini étant bien certain que ce caractère était essentiellement le même que la cuisse du bœuf, telle qu'on la voit représentée sans aucune préparation, aussitôt détachée de l'animal (2), lui attribua dans les titres des Ptolémées le même sens de *fort*, *force*, qui dans les textes est le propre de la *cuisse du bœuf* d'après la forme n° 56. On peut voir les raisons qu'il donne de cette

---

(1) Cela avait été bien expliqué par M. Rosellini dans son vol. II des *Mon. stor.*, page 336, et dans le vol. II des *Mon. civ.*, page 459. Voyez entre autres exemples la pl. M. C. LXXIII. L'auteur a peut-être soutenu que ce n'est qu'une *cuisse de quadrupède* en général, parce qu'il avait affirmé à la page 47, qu'une variante du *veau*, premier élément du mot *scha*, est l'image du *chameau!!!* Nous avons montré plus haut son étrange méprise.

(2) *Voir* le n° 56 de notre planche.

explication, qui nous paraissent bonnes (1). Mais comme l'auteur prétend qu'au lieu de *fort* il fallait traduire ce caractère isolé dans les titres ptolémaïques, par *né, natus*, nous espérons donner la preuve qu'il se trompe encore en cela. Il est vrai que dans plusieurs cartouches de rois lagides ce caractère se trouve combiné de sorte qu'on pourrait expliquer, au lieu de *fort de Phtah* ou *d'Amon*, *né de Phtah* ou *d'Amon;* mais en d'autres cartouches cette explication ne pourrait pas avoir lieu. Par exemple, pour en citer un, les titres de Ptolémée-Philométor commencent par la *hache (dieu)* avec l'article P, suit le caractère N préposition du génitif, et puis notre caractère la *cuisse de bœuf préparée* (2). Il serait difficile de traduire ici autrement que *le dieu de la force*. M. Rosellini a choisi dans l'interprétation de ce caractère le sens qui lui convient, comme représentant le même objet que la *cuisse ordinaire du bœuf*, symbole de la *force;* et ensuite le sens qui est applicable à tous les cas des titres ptolémaïques. Nous craignons beaucoup que la remarque de notre auteur sur ce sujet, ne soit pas plus heureuse que celle où il a prétendu expliquer par *empereur* le titre que M. Rosellini a, avec toute raison, comme nous l'avons démontré ailleurs, interprété *auguste*.

Nous avons dit plus haut que nous ne voyons dans cette *cuisse de bœuf préparée*, lorsqu'elle sert à déterminer le mot SCHA, *naître*, qu'un symbole adopté par les égyptiens pour une raison que nous avons promis d'expliquer. Elle nous paraît toute simple : c'était l'usage général des anciens peuples orientaux de qualifier les enfants comme sortis du *fémur* de leur père. Nous lisons dans la Genèse (XLVI, 26) et dans l'exode (I, 5) que *septante*

____

(1) *Mon. stor.*, t. II, page 336.
(2) N° 57 de la planche.

6.

étaient les individus venus en Egypte, *qui egressi sunt de femore Jacob.* Or on sait déjà, et Champollion l'a fait remarquer dans sa *Grammaire* page 95, que par un certain mythe sacré, les mots exprimant les noms des membres humains, sont presque toujours déterminés par l'image du membre analogue du *bœuf* ou du *veau*. Cela confirme encore mieux ce que nous avons prouvé tout à l'heure contre l'avis de notre auteur, que la *cuisse* en question appartient véritablement au *veau* ou au *bœuf*. Il est probable que lorsque Champollion a traduit le mot *scha*, déterminé par la cuisse., *né de la substance* d'un tel, il a eu la pensée que nous venons d'expliquer; toutefois nous ne pouvons pas l'assurer. De toute façon la raison que nous avons donnée nous paraît incontestable. Cela n'empêche pas que notre habile auteur déclare qu'il n'y a aucun rapport à chercher entre le mot *scha*, *naître*, et le caractère la *cuisse*; et il en trouve la *véritable explication* dans le mot *scha* qu'il a vu écrit, comme une *singularité*, auprès de l'image de la *cuisse préparée* sur un autel du musée de Leyde! Ainsi, d'après lui, le *fémur* ne se trouve pour déterminatif de l'idée SCHA, *naître*, que parceque le *fémur* était appelé aussi SCHA. Et il prétend par de tels arguments, nous prouver sa théorie des caractères à double emploi! Nous allons en voir bien d'autres : en attendant on peut remarquer que le nom SCHA donné à la *cuisse* ainsi *préparée* sur les autels, a pu très bien avoir son origine dans l'emploi mystique qu'on faisait de l'image du *fémur* pour déterminer le mot SCHA, *naître*; car les propres noms égyptiens de la *cuisse* et du *fémur* étaient SCHÔPSCH, ALÔDG et GRA.

Un troisième exemple cité par l'auteur est celui d'une *image humaine assise*, suivie de la lettre S, la *ligne recourbée* (n° 58 de notre pl.). Ce groupe sert à exprimer dans l'inscription de Rosette l'idée *image, statue*, le ξόανον du texte grec. Comme on trouve ce même groupe dans un bas relief de Silsilis sur l'image du dieu Thoth-androcéphale, cela suffit à notre auteur pour en conclure que, TOUÔT étant le mot par lequel on exprimait en égyptien l'idée *statue*, on a sans doute employé ce groupe pour exprimer le nom divin *Toth*, à cause de l'analogie de son qui se trouve entre le mot TOUÔT, *statue*, et le nom propre de ce dieu. Mais d'abord il nous parait au moins très douteux que la prononciation de ce groupe fut TOUÔT ; on trouve ce mot dans les textes, orthographié (n° 59 de la planche) TOUT, avec une petite *image en gaîne* pour déterminatif; et ce groupe a réellement le sens d'*image*, comme le copte TOUÔT. Mais il n'est jamais déterminé par le groupe en question n° 58, comme il devrait être, si sa prononciation était TOUÔT ou TOUT. Ensuite la lettre S, qui accompagne constamment cette *image assise*, nous fait croire que le mot qui lui correspondait dans la langue parlée, se terminait par cette lettre, ce qui ne favorise pas du tout la prononciation TOUÔT. Mais la raison qui rend l'assertion de notre auteur tout-à-fait déplacée et inadmissible, consiste en ce que ce groupe rappelant l'idée *image*, est beaucoup plus souvent employé pour désigner les images d'*Amon*, sur lesquelles il se trouve placé, que celle du dieu Thoth. Et que fait-il alors de sa prétendue prononciation TOUÔT? Ainsi la double acception de ce caractère que l'auteur cite pour troisième exemple, est tout-à-fait chimérique.

Nous ne nous arrêterons pas sur un quatrième exemple, tiré du titre ordinaire de Thoth, *seigneur du Schemoun* (*Aschemunein*). Le mot *schemoun* signifiant *huit*, est toujours exprimé par ce chiffre même ; le caractère *unité* répété *huit* fois, avec le déterminatif *région*. Cela reporte, comme on sait, aux *huit régions célestes* auxquelles le dieu Thoth était censé présider ; et le nom de la ville d'Aschemunein (*Hermopolis magna*) dédiée à ce dieu, signifie en effet *les huit régions*. Ainsi nous ne voyons dans-cet orthographe que le caractère figuratif numérique de l'idée *huit*, au lieu du mot même SCHEMOUN, *octo*, que l'on trouve aussi quelquefois. On ne conçoit donc pas comment cet exemple pourrait prouver le double emploi symbolique d'un caractère qui, soit par le chiffre, soit par le mot, exprime au propre l'idée qu'il doit désigner.

Un cinquième exemple est pris par notre auteur dans le volume premier des *Monumenti civili* par M. Rosellini (1), où le savant professeur nous a montré le *médecin vétéri-naire* exprimé par l'image d'une espèce d'oiseau aquatique, dont le nom est écrit dans les inscriptions SIN, SEIN. M. Rosellini reconnaît naturellement dans ce mot le copte SEINI, qui signifie *médecin*, en ajoutant que, quoi qu'on ignore la raison d'un tel nom donné à cet oiseau, il est pourtant certain que son image était employée comme *symbole* de l'idée *médecin*. On ne voit donc ici qu'un caractère symbolique employé *par énigme*, de ceux que Champollion a désignés dans sa *Grammaire*. Les Égyptiens, d'après les habitudes ou les propriétés qu'ils crurent reconnaître dans cette espèce d'oiseau, lui donnèrent le nom de *mé-decin;* de là son image servit à noter cette idée. De la même manière le *vautour* fut employé pour exprimer l'idée *mère*, par la tendresse singulière que, d'après Horapollon, cet oiseau montrait pour ses petits; ainsi l'*abeille*, le *chacal*, l'*épervier*, etc., etc., devinrent les symboles d'un *roi*, d'un *hiérogrammate*, d'un *dieu*, par des raisons analogues. On ne voit dans tout cela, comme dans notre oiseau SEINI, que l'usage déjà bien constaté des caractères *symboliques*, et il n'est nullement question du double emploi *par ana-logie de son, abstraction faite de leur signification*, comme l'auteur le prétend.

Il cite ensuite quelques autres exemples de la même nature

---

(1) Page 271, pl. M. C. N° XXXI.

et que nous nous dispensons d'examiner, car ils mènent
tous, à peu près, à la même conclusion que ceux que nous
venons de voir. Si l'auteur avait envisagé la chose telle
qu'elle est, et telle qu'elle a été déjà suffisamment reconnue, sans prétendre en faire une théorie nouvelle
appuyée par des exemples qui ne sont pas suffisants pour
la prouver, il aurait pu avec plus de simplicité et de vérité
appliquer à des mots nouveaux les doctrines déjà établies.
Voilà tout ce qu'il est possible de faire à cet égard ; car à
la vérité on rencontre dans l'écriture égyptienne, surtout
de la basse époque, un certain nombre, assez borné, de
caractères exprimant des mots qui servent dans la composition des paroles plutôt par leur *son* que par leur sens.
L'auteur, ainsi que nous venons de le voir, n'a pas été
heureux dans le choix des exemples pour prouver ce fait,
qu'il a étrangement embrouillé. Il s'est justement arrêté
sur ceux qui n'ont aucun rapport avec le fait en question;
et au contraire il a à peine indiqué, dans une note à la
page 226, ceux qui sont véritablement à propos pour le
prouver. Tels sont, par exemple, une image d'*homme les
bras levés* exprimant la syllabe AN du nom d'Antonin ;
l'*œil à sourcil*, ayant la même valeur dans le même nom,
et autres semblables (1). Dans les noms propres, surtout
étrangers à l'Égypte, ces caractères n'ont qu'une simple
acception de *son* ; mais lorsqu'on rencontre des signes
semblables employés à écrire des mots de la langue égyptienne, on remarque presque toujours qu'ils ont été
admis, non-seulement par leur son, mais aussi par leur

---

(1) *Voir* les pl. XXVIII, 12 et 12 c, XXIX 18 *a* du vol. II des *Monumenti storici*. On y voit même l'*œil à sourcil* précédé du mot AN, et ce caractère n'est dans ce cas qu'un déterminaif du mot même. L'auteur ne voulant
pas s'arrêter sur ces exemples, qui étant déjà connus depuis longtemps par
l'ouvrage de M. Rosellini, a préféré étaler son érudition sur d'autres qu'il a
choisis, et que nous avons vu n'être pas à propos pour la question présente.

sens, qui se trouve en analogie étroite avec le mot qu'on
a voulu exprimer. Ainsi la phrase insérée dans la *formule*
de notre auteur relative aux signes employés comme *sons,
abstraction faite de leur signification*, n'a presque pas
d'application réelle dans les textes, comme nous l'avons
vu par l'examen des exemples, par lesquels il prétend le
prouver.

Il faut enfin conclure que le petit nombre de caractères
susceptible d'une double acception de son et de sens, qu'on
rencontre quelquefois dans les inscriptions hiéroglyphiques, sont tout simplement des *faits* à noter, tels qu'on
les a déjà reconnus et signalés, comme provenant de
la nature même idéographico-alphabétique de l'écriture
égyptienne. Mais la prétention de vouloir en faire une
théorie, en dissimulant ce qui a été dit et fait à ce sujet,
prouve le peu d'importance de la critique et de la science
de notre auteur; car le petit nombre de ces caractères et l'inconstance même de leur usage à double acception (1), ne
peuvent jamais servir de base à une *théorie*, et surtout de
l'importance que l'auteur prétend, comme si sans ce secours qu'il vient de nous prêter, la partie symbolique des
écritures égyptiennes (qu'on a pourtant assez souvent
déchiffrée) serait demeurée à jamais inconnue ! !

Nous terminerons ici nos observations sur la première
partie de cet ouvrage, dont nous n'avons remarqué que
les fautes principales et les plagiats les plus notables. Nous
ne craignons pas d'affirmer que tout le reste qui suit,

---

(1) Il n'est pas rare de voir ces mêmes signes employés comme simples caractères phonétiques, exprimant la première lettre du mot qu'ils représentent.
Par exemple, l'*œil à sourcil* qui est AN dans le mot d'*Antonin*, représente
simplement la lettre A dans une variante du nom d'Antinoüs. Des exemples analogues démontrent l'inconstance de l'usage de ces caractères; ce qui rentre
pourtant dans le système de cette écriture; mais il faut dire aussi, comme nous
l'avons noté plus haut, que cette espèce de licence graphique ne se remarque
guère que dans les inscriptions de la basse époque.

jusqu'à la page 256, qui est la dernière, consiste, quelques petites choses exceptées, lesquelles sont presque insignifiantes, en une répétition ou en une simple application des découvertes de feu Champollion, et des mots et des caractères déjà analysés et expliqués par M. Rosellini dans ses ouvrages. Toutefois l'auteur débite tout cela sans faire aucune mention des véritables auteurs, et avec un ton tranchant de propriété, que l'on oserait pas même se permettre s'il s'agissait de ses propres découvertes. Quant à la vérité de ce que nous avançons, nous en appelons au témoignage de ceux qui ont suivi avec une attention particulière ce qui a été publié sur les matières hiéroglyphiques par Champollion et M. Rosellini. Tous ceux qui ont eu le but spécial d'approfondir cette étude, et qui ont noté, comme nous, en une espèce de dictionnaire, tous les caractères et tous les mots qui ont été discutés et expliqués dans les ouvrages de ces deux savants, sont à même de reconnaître au premier coup d'œil ce que notre auteur s'est approprié dans les travaux des autres. Du reste le public même peut en juger, car il s'agit presque toujours d'ouvrages imprimés.

Nous sommes bien peinés de voir traiter de la sorte une science nouvelle qui est d'une si haute importance, et qui a coûté tant de pénibles travaux à ses fondateurs. Si M. Salvolini, qui a pu s'en occuper avec tant de commodités et avec de si larges moyens, avait apporté dans ses travaux cet amour véritable de la science, cette franchise et cette bonne foi qui est le devoir de tout homme, et surtout de ceux qui se consacrent aux études utiles : s'il avait su profiter des leçons et des découvertes des autres pour en faire des applications avantageuses à la science : s'il s'était contenté de faire part au public des choses qu'il avait entendues de la bouche de Champollion, et que ce savant n'avait pas encore écrites, ou qui se trouvent toujours dans ses manuscrits inédits, en déclarant religieusement leur origine : s'il s'était enfin abstenu de fausser les doctrines des autres pour les critiquer et les corriger à faux ; ses études et ses travaux lui auraient valu l'estime des savants et la reconnaissance de ceux qui regrettent et regretteront à jamais la mort de Champollion, arrivée si inopinément, et avant qu'il eût le temps d'écrire une foule d'observations et de découvertes utiles qui restaient encore dans son esprit. Mais M. Salvolini, en préférant le chemin qu'il a suivi, et que nous venons de tracer, n'a pas rendu, à notre avis, un service réel à la science, qu'il a plutôt embrouillée qu'éclaircie, et quant à ce qui le regarde en particulier, il n'a fait que se couvrir de honte, dont il ne serait pas possible de se laver, sans démontrer que les faits que nous venons de signaler et de prouver, sont faux.

Du reste nous voulons espérer et nous désirons bien sincèrement que cette leçon grave, que lui seul a provoquée, suffise pour lui apprendre à être plus prudent et de meilleure foi à l'avenir.

H.

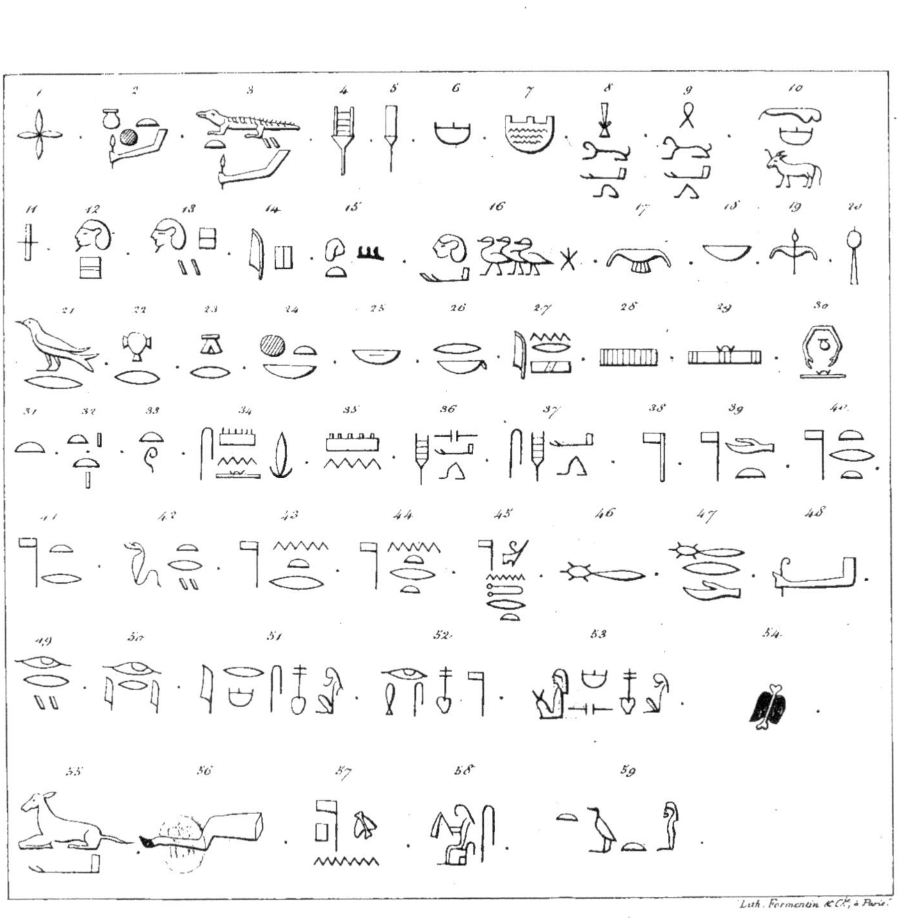

Lith. Formentin & Cᵉ, à Paris.

9 782014 449808